商海沉浮，向奋勇前行者致敬

抖音崛起

让字节跳动的王牌产品成长史

张笑恒 · 著

中国经济出版社
CHINA ECONOMIC PUBLISHING HOUSE
· 北 京 ·

图书在版编目（CIP）数据

抖音崛起：让字节跳动的王牌产品成长史 / 张笑恒著. —北京：中国经济出版社，2021.9

ISBN 978 - 7 - 5136 - 6573 - 5

Ⅰ. ①抖… Ⅱ. ①张… Ⅲ. ①网络公司—企业管理—研究—中国 Ⅳ. ① F279.244.4

中国版本图书馆 CIP 数据核字（2021）第 161962 号

责任编辑　王建昌
责任印制　马小宾
封面设计　任燕飞装帧设计工作室

出版发行　中国经济出版社
印 刷 者　北京富泰印刷有限责任公司
经 销 者　各地新华书店
开　　本　710mm × 1000mm　1/16
印　　张　14.25
字　　数　230 千字
版　　次　2021 年 9 月第 1 版
印　　次　2021 年 9 月第 1 次
定　　价　58.00 元
广告经营许可证　京西工商广字第 8179 号

中国经济出版社　**网址** www. economyph. com　**社址** 北京市东城区安定门外大街 58 号　**邮编** 100011
本版图书如存在印装质量问题，请与本社销售中心联系调换（联系电话：010 - 57512564）

前言 PREFACE

抖音，堪称国内乃至全球移动互联网应用程序中的一个奇迹，原因在于其崛起的速度实在令人惊叹！

在抖音入局前，短视频领域已经热闹非凡。早在2013年，快手就率先从GIF制图工具转型为短视频社区，紧接着腾讯微视诞生；2015年，快手的用户量成功破亿……直到2016年9月，抖音才内测上线。

虽然入局时间比较晚，但是抖音足够理性。它没有急于绽放，而是选择了沉淀。从上线到2017年年中，抖音完成了从1.0.0到1.4.0，共计15次的版本迭代。这期间，抖音致力于打磨产品，围绕体验优化、功能丰富、bug修复等产品层面的工作核心，极力提高用户的体验度，非常重视用户的反馈和对种子用户的培养。

我们知道，竹子在初期生长十分缓慢，四年时间才能长出3厘米；从第五年开始，竹子则以每天30~40厘米的速度疯狂生长，仅仅六周时间就能长到15米。初期的抖音就像竹子，看起来停滞不前，实际上在默默扎根，蓄积力量，等待一飞冲天的机会。

从2017年7月开始，抖音着力于产品运营活动，正式进入推广期。仅2017年8月和9月，抖音的产品运营活动就多达11项，登上了《快乐大本营》《中国有嘻哈》《天天向上》等热门综艺节目，一时间抖音的流量暴增。2017年8月，抖音日活跃用户数量超千万，发展势头迅猛。

抖音的崛起，推广仅仅是外因。相对于外因而言，内因则更为重要。在互联网行业，尤其是投资人心目中，往往会认为某公司产品做得好，一定是因为算法。这虽然有点技术迷信，但抖音的火爆绝对离不开其内在算法的加持。算法是任何互联网平台必不可少的机制，比如百度有百度的算法，微信有微信的算法，抖音自然也有抖音的算法。

抖音算法的魅力在于去中心化的流量分配机制，它颠覆了以往多以名人、明星、网络红人等头部IP资源为资源推荐核心的模式，取代为通过“大数据”“人工智能推荐算法”等技术，根据用户喜好、用户习惯进行内容的精准推荐。

对于抖音内容的创作者来说，在基础推荐机制下，无论你是新手，还是资深玩家，无论你是明星，还是“路人甲”，你创作的每一个视频都会得到一定的流量分配。只要原创内容足够吸引人，就可以获得推荐机会，并且在获得较高的点击播放量后，进入一个更大的流量池，逐渐被放大推广。

抖音这套去中心化的推荐算法，不仅让用户觉得抖音越来越“懂”自己，越来越离不开抖音，而且让每一个人都拥有了爆红的机会。有不少抖音用户仅仅靠一首翻唱歌曲、一段舞蹈，甚至一个创意，就迅速走红。这对无数“草根”来说，具有极大的吸引力。

有了禁得住考验的产品，加上推广助力，再有强大算法做后盾，抖音如同一匹黑马，在短视频领域纵横驰骋。其间，自然少不了与其他短视频产品对抗厮杀。抖音凭什么弯道超车，并成长为让腾讯、百度、新浪微博等巨头瑟瑟发抖的“全民公敌”？其凭借的不只是准确的市场定位，还有丰富多元化的内容，以及不断迭代更新的创新体验。

抖音不只在国内火了，在国外也火得一塌糊涂。比如日本、韩国、美国、印度等国家的民众对于海外版抖音 TikTok 的热爱程度丝毫不亚于国内民众。

其实，张一鸣布局 TikTok 的时间，几乎和国内抖音同步，这说明张一鸣从一开始就把视野投向了全球。一直以来，在中国做得风生水起的企业要“出海”都异常艰难，阿里、腾讯、京东等头部企业都没能在国外打下一片天地。但抖音是个例外，抖音仅仅花了 3 年时间，就拿下了遍布全球 150 个以上的市场，以及从 0 次到 20 亿次的下载量。2020 年，全球暴发的新冠肺炎疫情，进一步推动了 TikTok 的全球热度。比如，在法国，有 13% 的互联网用户表示，自己在新冠肺炎疫情居家隔离期间，把更多时间花在了 TikTok 上。在海外那些我们看不到的地方，抖音正在发展壮大，其实力已不容小觑。

抖音的火爆大家有目共睹，听一遍就爱上的音乐是抖音“神曲”，打卡的旅游地是抖音“网红城市”……抖音已经渗透进我们生活的方方面面，我们已经离不开抖音。此外，官媒入驻、品牌入驻，这种互利互惠的模式，更是令抖音如虎添翼。

在 2020 年全球十大“独角兽企业”排名中，抖音的母公司字节跳动以仅次于阿里系①的蚂蚁金服，位列第二，最新一轮的估值超过 1000 亿美元，真正成为互联网界的“巨无霸”。

2020 年 8 月，包含抖音火山版在内，抖音日活跃用户数量已超过 6 亿。在 2020 年上半年 App 榜单上，抖音下载量居全球第一。

同样是在 2020 年，迅猛崛起的抖音在海外遭遇了不少挫折——首先是印度封禁，其次是美国打压。

面对以上种种，抖音既从未躺在过去的功劳簿上沾沾自喜，也从未

① 所谓阿里系，是指从公司的从属关系及公司与公司之间投融资关系的广义角度，与阿里巴巴网络技术有限公司有关系的相关企业的总称。目前，中国互联网通常认为存在四大派系，即腾讯系（由腾讯公司主导）、阿里系（由阿里巴巴集团主导）、百度系（由百度公司主导）和头条系（由字节跳动公司主导）。

因挫折而失去斗志，反而满怀信心，不断开拓新的营利模式，寻求商业版图上的扩张。

机遇和挑战注定并存，在抖音崛起的道路上，可能遍布荆棘，但也充满希望。我们有理由相信，在5G的加持下，在优秀领导者的带领下，抖音纵有“诸神围剿”，也一定能成功脱险，在无边界的未来取得更大突破。

目录 CONTENTS

第一章　**探索期**　抖音初创，打磨产品蓄势待发

2016 年 9 月，抖音决定入局时，短视频领域已经高手如云。当时的秒拍、美拍、小咖秀、快手等风头正劲。但真正的强者从不是急于争先，而是忙于蓄积实力。在这一阶段，抖音进入理性沉淀期，不断优化应用功能，打磨产品，精准发力，以谋崛起！

第二章　**推广期**　全方位宣传，抖音初露峥嵘

2018 年春节，抖音开始发力并席卷全国，开启持续增长模式。为了推广，抖音不放过在各种综艺节目中的广告植入，不仅登上了《快乐大本

营》的舞台，还与《中国有嘻哈》密切合作。抖音攻势凶猛，引爆了崛起的春天。

第三章 **运营期** 算法，抖音崛起背后的功臣

抖音能够迅速崛起，绝对少不了算法的加持。和大多数火爆的社交平台流量分配规则不同，抖音的流量在算法的分配下是去中心化的。对于平台用户中的观看者来说，投其所好的内容推荐，紧紧抓住了用户的心；对于平台用户中的短视频创作者来说，让每个人都有机会爆红。这些对用户来说充满了诱惑力。

第四章 **对抗期** 巨头之争，看抖音如何弯道超车

快手如日中天，微信、微博不服气，接连入局，微视重生……短视频领

域战火不断升级。作为后来者的抖音，以黑马之姿，逆袭众多同类型的短视频产品，实现了弯道超车，并快速崛起为令腾讯、百度、微博等巨头“瑟瑟发抖”的“全民公敌”。

第五章 **壮大期** 抖音出海，全球扩张

抖音在中国爆红后，张一鸣并不局限在国内发展，他的野心是全球市场。抖音在海外化身为 TikTok，于 2017 年 5 月 12 日在谷歌商店上线，正式跨出国门。然后，TikTok 迅速“抖”遍 150 多个国家和地区，成为全球 App 界的网红。

第六章 **火爆期** 高歌猛进，抖音的称霸路

从 2018 年春节起，抖音开始野蛮生长，一路高歌猛进，成为一个巨大的流量池。不仅全国各地的原创音乐人在这里蓬勃生长，各大品牌、官方大号也纷纷入驻抖音。抖音成了未来之星的梦想发源地，企业营销的新阵地，政务宣传的新路径。抖音，已经全方位地渗透进我们生活的方方面面。

第七章 **盈利期** 流量帝国，抖音商业版图的扩张

抖音短视频的商业价值包括巨大流量与智能分发能力、平台渗透引导能力、品牌传播能力和用户转化能力。这些商业价值是支撑抖音盈利的强大根基。从信息流广告、电子模式，到达人带货、知识付费，抖音的商业版图不断扩张。

第八章 **活跃期** 不断升级，抖音日活跃用户数量的魔性增长

互联网产品唯有快速迭代升级，才能甩开竞争对手，成为创造需求的赢

家。在2019年不到一年的时间里，抖音就更新了48个版本。正是靠着这种神速的自我优化升级和不断满足用户需求，抖音用户量才得以保持着令人咂舌的魔性增长速度。

在2020年上半年的App下载量排行榜上，抖音的下载量居全球第一，收入居全球第三。但疯狂扩张的TikTok，也在这一年遭遇了前所未有的危机，接连在印度和美国受挫。但张一鸣从来不设边界，就算阻碍重重，也一直在积极拓展。已然崛起的抖音，其未来很不确定，但这正是它的魅力所在。

第 一 章

探索期

抖音初创，打磨产品蓄势待发

2016 年 9 月，抖音决定入局时，短视频领域已经高手如云。当时的秒拍、美拍、小咖秀、快手等风头正劲。但真正的强者从不是急于争先，而是忙于蓄积实力。在这一阶段，抖音进入理性沉淀期，不断优化应用功能，打磨产品，精准发力，以谋崛起！

1 差点错过：多次讨论后“杀入”短视频领域

2016 年 9 月 20 日，张一鸣在第二届头条号创作者大会的演讲中，明确指出“短视频是一个前景光明的领域，做短视频是一件方向正确的事”。“短视频将是内容创业的下一个风口。”他说，“我们决定，在这个时刻，在这个领域，All in！”

接着，他解释了什么是 All in，那就是在未来 12 个月内，今日头条将拿出至少 10 亿元人民币，分给头条号上的短视频创作者。

张一鸣拿出 10 亿元进军短视频领域，其野心和笃定可见一斑。但张一鸣的这个决定并不是说干就干那么简单，在提出“All in 短视频”战略之前，公司曾就“做不做短视频”进行过多次讨论，并且差点就错过了。

第一次讨论是在 2014 年，这一年被业内人士称为“中国移动短视频元年”。因为当时 4G 普及、网络提速降费、移动视频用户市场成熟，再加上短视频的分发渠道也变得多元化，从而使移动互联从图文时代向短视频时代快速过渡。

腾讯在 2013 年布局短视频领域，2014 年开始大力推广，那时候北京一条途经知春路站[①]的地铁线路上满是腾讯短视频 App 微视的广告。

① 知春路站，即北京知春路地铁站。该地铁站位于北京市海淀区，紧邻中关村高科技园区，是北京地铁 10 号线和 13 号线的换乘站，每日人流量巨大，且以年轻人居多。

同时，新浪微博的秒拍于2014年上线，也在全力推广。这时候，对“做不做短视频”，张一鸣及其团队是犹豫不决的，加上当时今日头条又刚刚经历了诸多风波，公司精力也跟不上，于是就没有试水。

到了2014年年底，美拍和快手崭露头角，张一鸣才意识到“做不做短视频”这一问题的市场紧迫性，后来用张一鸣的话说，当时“我们感觉已经错过了”。

在2015年年初，字节跳动在冲绳举办年会的时候，张一鸣在一个居酒屋，和团队第二次讨论“做不做短视频”。由于种种事由，这一次讨论后仍然没有行动。

与此同时，互联网的局势快速地发生变化。2015年到2016年，短视频呈爆发式增长，正在成为一个增长迅速、潜力巨大的流量红利领域。其中，最成功的典范非papi酱莫属。papi酱在2015年年底开始原创短视频，因其诙谐幽默的创作风格而大受人们追捧，短短半年时间就迅速蹿红。她的微博粉丝很快突破800万，微信公众号文章的阅读量分分钟突破10万+，更是被评为“2016年第一网红”。2016年3月，papi酱获得多家机构的1200万元融资，被估值1.2亿元人民币，一时风光无限。

于是,2016年年底，张一鸣再一次在公司内部展开“做不做短视频”的话题讨论，这次讨论的结果就是本节开头的All in战略。

这一次，张一鸣坚定地认为，不能放弃短视频这个富有潜力的领域，更不能错过这个巨大的商业风口。经过数次的犹豫、思索、内部讨论，以及当时外部短视频市场的发展态势，张一鸣及其团队分别从生产、分发和互动三个环节深入分析了短视频领域的巨大商业潜力，并细致剖析了各个环节转变的方向。

首先，生产环节。视频生产从1.0的电影制作，到2.0的电视剧及其他电视节目制作，再到现如今3.0的个人短视频创作，制作成本是逐渐降低的。伴随互联网移动通信技术的快速发展，每个人都可以通过自己的手机拍摄原创视频，这无疑是对内容创作者的一次助力。

其次，分发环节。视频分发的核心问题是“由谁来决定用户看什么内容”。以往的分发方式大都是交给电影院和电视台的相关运营者，由他们依照自身对大众喜好的预测与判断来决定用户所看的内容。现如今，在互联网通信技术的支持以及私域流量的集聚下，视频分发的“决定权”逐渐下移至大众个体本身，其主要的分发方式也演变为两种：一种是以用户为主导的分发，也就是我们平时转发朋友圈内容的方式；另一种是智能分发，即视频平台通过推荐算法为用户主动选择并推送给他们喜欢观看的内容。这两种分发方式的关键前提是要具备足够的带宽和流量以及互联网通信资费价格的平民化。当今，我国 4G 网络的普及和 5G 网络的稳步推进，直接促使网络带宽速度快速提升，网络流量费用大幅降低。原本由于网速过低、费用过高造成的手机用户无法观看视频的问题已不复存在，移动互联网终端特别是智能手机端口的短视频分发已具备坚实的基础技术支撑。

最后，互动环节。现在的短视频可以让每个人在碎片化的时间里观看，并且可以和其他创作者及众多的平台用户产生多样的互动，这是以往电影和电视节目所不具备的，这种即时与开放式的互动会给创作者自身及平台的广大用户带来极佳的体验。

张一鸣认为，正是基于这三个环节迅猛的变化，短视频才迎来加速的爆发期；并且他认为，短视频的门槛低，需求旺盛，无论是内容创作，还是个人创业都将大有可为。

除了上述分析，促使张一鸣决定抓住这个机会的原因还有一点，那就是今日头条的发展。当时，今日头条已经成为一个地位稳固的信息平台，其足以成为“抖音”这一新生力量快速发展的坚实后盾。比如，为了发展抖音，张一鸣将今日头条上的创作者纷纷引流至抖音，并鼓励创作者积极投身新的风口；又如，抖音的推广也复制了今日头条的算法（这一点本书第三章将具体讲述）。正是这样得天独厚的条件，使抖音拥有巨大的“后发优势”，注定了其后来的异军突起。另外，张一鸣所选的“入场”时机，似乎也大有玄机。

表面上来看，当时的短视频市场已经被一众短视频 App 瓜分殆尽，而且这些 App 的发展势头堪称迅猛。诸如，快手宣布获得腾讯新一轮 3.5 亿美元的投资，并称将在产品、技术和服务等多方面与腾讯进行深入合作。阿里巴巴（阿里巴巴网络技术有限公司，简称阿里巴巴集团或阿里巴巴）宣布土豆（网）全面转型为短视频平台，启用全新的品牌形象和定位，并将其 slogan（宣传口号）改为“只要时刻有趣着”；阿里巴巴同时投入 20 亿元人民币推出“大鱼计划”，用于对短视频垂直品类优秀制作者的奖金。新浪微博上线酷燃短视频，同原有的秒拍、一直播、微博故事、随手拍共同形成产品矩阵，分别占领 IP 类短节目视频、短视频、直播、视频社交、微视频等各个产品线……

互联网大佬们齐齐发力短视频领域，都想抢占这一新的风口，竞争的态势不断升级，这也意味着抖音自诞生之初就要面临惨烈的白热化竞争。乍一看，在争分夺秒、快速发展的互联网行业，抖音刚一面市，就已经完全处于劣势。然而仔细分析后你会发现，这样的进场时机却有着其不可估量的优势。因为，比抖音早面市的短视频 App 已无形中培养出了一定基数的短视频用户，并且用户量上升势头迅猛，用户习惯的传播正在悄然进行，庞大的市场风口正在形成……这一切的一切，等于开疆拓土的“脏活”前人已经完成，抖音进场只需充分利用自身优势，最大化地满足用户需求。

2 用户定位：年轻人的音乐短视频社区

从产品创立之初，抖音就确立了要成为“年轻人的音乐短视频社区”的用户定位。其主打15秒的炸裂音乐，完全符合年轻人的审美和节奏。

抖音的成名也得益于三首歌曲。

第一首歌曲是*Antique Gucci*。这首歌的节奏非常洗脑，反复重复一句“古驰、路易威登、芬迪、普拉达，这些奢侈大牌都是我日常所需，所以我不需要操心”。和这首歌一起流行的是抖音的瞬间变装秀视频，网红用它呈现出一副没见过世面的模样，让网友笑喷。

第二首歌曲是*Something Just Like This*。其由多个乐队合作演唱，曲风酷炫。网友评价这首歌“好听到让耳朵怀孕”。最初，网友用它来配音艾玛·杜蒙特在电视剧中所扮演角色的视频，时而酷帅、时而古典、时而魅惑的艾玛·杜蒙特造型霎时间吸粉无数，被国内网友称为“北极星小姐姐”。为了寻找更多“北极星小姐姐”的视频，很多人开始下载抖音。

第三首歌曲是*Mi Gente*。这是一首西班牙歌曲，配上魔性舞蹈，几乎满足了年轻人对长腿、翘臀的所有幻想。*Mi Gente*让甩裙舞火遍网络，很多用户就是因为喜欢短视频中跳舞的小姐姐，才开始关注抖音的。

抖音借助魔性的音乐被更多年轻人知晓和关注，他们在这里释放自己的个性，展现自己的创意，也感受音乐的纯净和美好。

另外，抖音的创意和话题非常符合年轻人追求时尚潮流，喜欢挑战和创新的审美与口味。比如，“小了白了兔”“师父，我坚持不住了”，还有人们津津乐道的“闺密团”等，在年轻群体里都是自带流量的风格。

抖音还推出了创意搞怪的视频类 H5。2017 年 7 月，抖音一共推出了 4 条 H5，其中最火爆的是“名画抖抖抖”。“名画抖抖抖”是模拟蒙娜丽莎、凡·高等名画人物推出自己的抖音视频。视频音乐是舞曲风格，视频中名画人物的动作是抖音用户中最流行的经典动作。这种将名画元素和现代元素拼贴，卖萌耍帅，幽默荒诞的风格，在年轻群体中掀起了一股热潮。

另外，在抖音的直播页面上，打赏主播的礼物也很有趣，比如，“仙女棒”“棒棒糖”“为你打 call”“Boom”等。这些礼物不仅有浓厚的抖音文化，而且符合当下年轻人的使用习惯以及网络流行文化。

抖音的用户定位最初主要是弥补短视频市场一二线城市的用户空白。客观来讲，抖音在进入短视频领域时，短视频的市场资源几乎被同类产品瓜分殆尽。当时快手的目标群体主要集中在我国三四线城市及大部分乡镇地区，其用户的创作地多在田间地头、建筑工地、乡镇广场等，从而使一二线城市成为快手目标群体的空白区域。

抖音十分聪明地避开了和当时如日中天的快手争抢用户，而是瞄准对方尚未覆盖的区域，将目标群体直指一二线城市追求时尚潮流的年轻群体。可以说，抖音对目标群体的精准定位，是它在激烈的市场竞争中突出重围的重要因素。

事实是，抖音在极短的时间内就成为年轻人手机中必备的一款软件，每天“抖一抖”成了年轻人追求潮流和享受生活的新方式。2017 年艾瑞咨询数据显示，抖音用户在 24 岁及以下年龄层、25~30 岁年龄层，以及 31~35 岁年龄层的分布如图 1-1 所示。

随着用户规模的迅速扩大，抖音的核心用户年龄有了显著变化。从一开始的 24 岁及以下年龄用户占比最多，变为 2018 年的以 25~30 岁的用户为主（见图 1-2）。

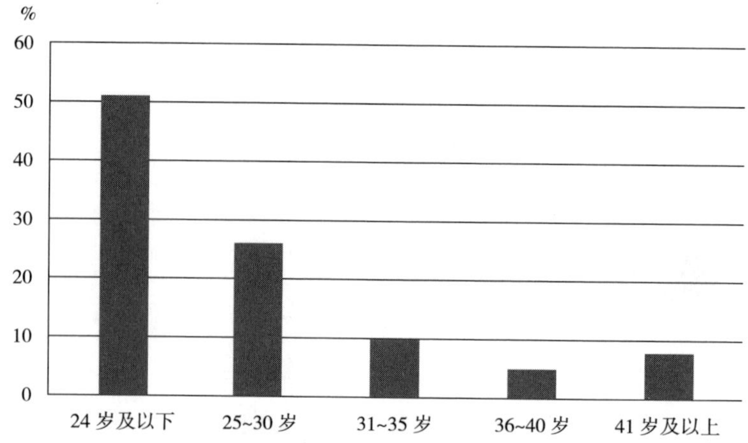

图 1-1　抖音用户年龄分布示意图（2017 年数据统计）

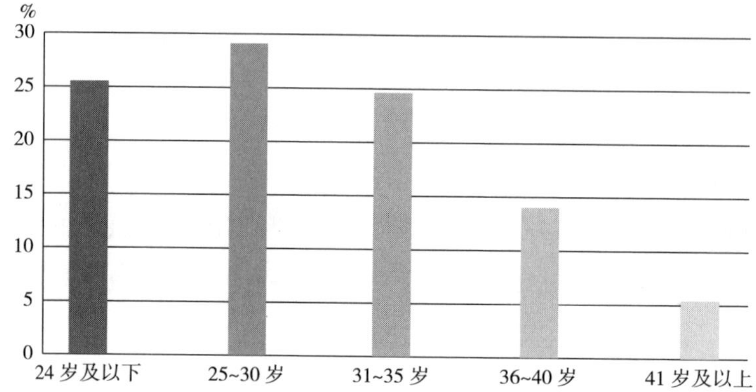

图 1-2　抖音用户年龄分布示意图（2018 年数据统计）

虽然抖音核心用户的年龄段有了提升，但是并没有脱离当初的用户定位。一直以来，抖音都在向年轻人靠拢，致力于打造一个动感的、酷炫的音乐社群。抖音里面既有经典、影视原声等大众音乐，也有说唱、电音等节奏感强的音乐，更有虚拟世界元素汇合成的二次元音乐。同时，用户也可以根据音乐 MV 和自己对音乐内涵的个性化理解进行自由的二度创作。

只要看看后来抖音排行榜上的《往后余生》《旧梦一场》有多火爆，就能知道抖音的音乐令多少人痴迷。抖音打造了无数“神曲”，同时也吸引着越来越多的年轻人加入抖音大军。

3 鲜为人知：抖音为什么叫“抖音”

图 1-3　抖音最开始的名字与图标

一款软件的名字不仅直接影响其在未来推广时用户对它的认可度，而且对整个产品的转化率也非常重要。很少有人知道，抖音并不是一开始就叫“抖音”。2016 年第一个版本上线的时候，抖音的名字叫 A.ME（见图 1-3）。初创时期团队认为这个名字具有“崇拜我”的含义，代表了年青一代不服输，充满自信的品格。直到 3 个月后，即 2016 年 12 月 22 日，A.ME 发布 V1.2.2 版本时，团队才决定将其更名为如今已经家喻户晓的“抖音”。这次改名，整个团队选取了上百个备用名字，并且做了大量的市场调查和用户调研。至于团队最后为什么会选择在这个阶段修改产品的名称，有以下两种说法。

一种说法是团队考虑到产品是在中国使用，如果使用“A.ME”这个名字，不容易让人产生深刻的印象，叫起来也做不到朗朗上口，反而会严重拖累市场的拓展。相比较而言，“抖音”这个名称表达新颖，在调研的过程中用户普遍对“抖音”这个名字充满好奇。另外，听到“抖音”两个字就很容易让人联想到边听音乐边抖腿的形象，充满了青春的活力，非常贴切地展示出以音乐为主的短视频 App 的特性，与产品本身定位十分接近。

另一种说法是"抖音"二字源于早些年《快乐女声》节目中曾轶可的绵羊音，其发音不同于正常人发音平滑顺畅，而是曲折蜿蜒，像波浪一样，就像在发抖一样。团队想通过这个词代表具有独一无二、充满个性、敢于打破常规的年轻人形象。

人是印象动物，听到产品名字引发的第一反应很可能决定他下一步是不是试用一下你的产品。产品的命名需要考虑的不仅是好听与否，还要联系产品本身的特点及用户定位。历史上有大量改名成功的品牌案例，成功的改名会极大地促进产品的知名度。结合以下起名的注意事项就会发现，"抖音"的改名意义重大，甚至奠定了其后来成功的基调。

首先，需要使人听上去就能大致了解产品的功能。例如，"京东数科"就让人一目了然，明白这是京东旗下专注于数字科技的团队。抖音短视频直接将App的类型——短视频交代给用户，一目了然。

其次，必须迎合产品设定的用户群体的喜好，同时最好能够做到标新立异，鹤立鸡群，不会让人在听到名字后很快将其遗忘。"抖音"一词之前从未出现过，因此许多用户会对这样命名的产品产生巨大的好奇心，进而成功地给用户留下深刻的印象。

一个好的名字还能够引发用户的联想，将产品和一些美好的事物联系起来。例如，当年同时进入中国市场的洋酒品牌白兰地和威士忌，由于白兰地很容易使人联想到蓝天白云，苍茫大地，所以在初期大众对产品了解不够深入的阶段，白兰地的销量是远高于威士忌的。从这一点来看，"抖音"两个字带给用户动感时尚的感觉确实为其吸引了大量的年轻用户。

正是因为在恰当的时机完成了新旧名字的更替，才使抖音在用户群体中的传播变得更加顺畅，且为其今后的发展打下了坚实的基础。

4 Logo 设计：迎合年轻人的暗黑系风格

抖音作为一款音乐短视频 App，不仅名字听起来充满个性，而且其炫目、时尚的 Logo 设计也是独树一帜。

抖音的 Logo 设计灵感来源于抖音团队中一名后摇爱好者。在参加摇滚演唱会时，他看着当时昏暗的灯光，炫酷的霓虹灯产生了灵感。黑色作为抖音整个界面的主基调，不仅迎合了年轻人喜爱的炫酷暗黑风，而且相较于一般的短视频软件有极高的辨识度。

抖音 Logo 的主体是将品牌名称首字母“d”和五线谱中的音符元素融合在一起，象征着抖音主打音乐短视频的主题。

抖音 Logo 最抓人眼球的设计就是，通过色彩错位手法体现出“抖动”的动感特效，整个图标看起来好像真的在“抖”。仔细观察，我们可以发现抖音音符 Logo 的边缘被红绿两色包围，但不是完全包围，营造出一种模糊的边界，使人的视觉无法对焦，极易让人产生困惑。在给人一种不稳定动感的同时，又让人产生一种蠢蠢欲动的探索欲。抖音 Logo 的动感特性还因为充分利用了故障艺术的设计思想。什么是故障艺术？就是将普通的图片通过添加错位效果而产生一种图片出错的感觉，就好像电视机花屏死机了一样。之后再通过后期的挑选美化，成为一件故障艺术作品。

抖音 Logo 的设计者称，他对原始音符图片加入了信号干扰、抖动等特效，并截取每一帧图像，最后找出了一张“将抖未抖”的画面，并对其进行适当的修改与美化，最终变成了现如今我们看到的完全体抖音Logo。

在我们的认知里，电波干扰就是伴随震动和闪烁的，所以即便只看到其中一帧，大脑也会自动补充整个效果。因此，当我们看到抖音的Logo时，会不自觉地触发联想机制，好像看到了一个抖动的音符。

另外，除了静态图标，该Logo还经常出现在时刻抖动的动态图标中，比如进入抖音主界面后右下角不断闪烁抖动的Logo。出现的次数多了，使我们即便是看到静态的抖音Logo，也以为它是动态的。

如果将一个产品比作一个人的话，那么Logo就是这个人的脸。由于图像能最直观形象地反映一个物体的样貌，因而人与人之间的交往都是通过对方的脸来识别的。比如，当你回忆起一个人时，第一反应是他的脸而非他的个人信息。如果一个产品能够拥有一个充分体现自己品牌形象的Logo，就让人很容易地记住这款产品，进而更好地传达产品所要表达的含义。成功的产品Logo通常具有以下特点。

（1）高辨识度。在激烈的市场竞争中，人们很容易迷失在海量的信息中。如果不能设计出一款简洁好记、特色鲜明的Logo，就无法给用户留下深刻印象，更谈不上赢得用户的认可和喜欢。辨识度高的Logo，能够与其他公司的商品和服务产生高度的差异化区分，给受众留下深刻的印象。

（2）体现产品理念。Logo设计代表产品的核心内容、价值取向及产品特色，是产品的代言人。一款好的Logo设计很容易将受众的注意力带入产品的内容，并让受众在潜意识中感受到公司和产品想要传达的思想理念。

由此可见，抖音Logo的设计和选用无疑是成功的。因为当你第一眼看到它时，即使没接触过这款产品，你也能感受到其强大的生命力。

5 设局人性：抖音三分钟，人间两小时

张一鸣曾经说过一句话：“很多人人生中一半的问题都是这个原因造成的：没有延迟满足感。”[①] 可以说，张一鸣从小就是个善于控制自己获得延迟满足感的人。同样，他也很会利用延迟满足感来“操纵”用户的行为。观察抖音 App 的内容及界面设计，你会发现抖音的走红并非意外，而是精心设计的结果。

1. 沉浸式体验

沉浸式体验应用初期是作为一种“秀”存在的。较为典型的有 2018 年，张艺谋导演在平昌冬季奥运会闭幕式上创作的“2022，相约北京”。在高科技的加持下，超酷炫的光影变幻，惊艳了全世界。抖音创新地将这种体验方式应用到了其 App 界面上。

打开抖音 App，黑色的基调映入眼帘，直接占据了整个屏幕，并且覆盖了顶部导航条。目的就是排除一切干扰，尽可能地让你拥有最纯粹的体验。此时你的视野里只有抖音，甚至连时间都看不到。

我们打开抖音，手指轻轻滑动，原本只是想周末赖一会儿床，或者晚上娱乐一会儿，说好的休闲三五分钟，结果一小时过去了，两小时过去了……自己却浑然不觉。在抖音的世界里，我们的时间仿佛不再属于

① 相关详细内容，广大读者可参阅《张一鸣让字节跳动的创业哲学》一书。

自己。

抖音的界面设计类似于赌场的全封闭设计，没有闹钟，永远金碧辉煌，在这种不见天日的环境里人们很难察觉现实世界中时间的飞逝。

为了长时间吸引参与者的注意力，并让其产生愉悦感和满足感，沉浸式体验会尽可能地调动人的五感。所以，沉浸式体验一般有两大特征：一个是调动声光电，另一个是环境较暗。抖音短视频的界面设计也具有这两大特征，其目的是让用户在视觉、听觉、触觉等多种感觉上沉浸其中。

2. 符合“上瘾模型”

首先介绍什么是“上瘾模型”。在《上瘾》一书中，作者尼尔·埃亚尔和瑞安·胡佛提出了使人轻易上瘾的行为模式，即“触发—行动—多变的酬赏—投入—下一次触发”的循环模式。面对外界刺激，当你做出反应后，外界会给予你及时的反馈和奖励，这样长时间的循环会使你欲罢不能并产生依赖。

抖音主界面的操作模式应用的就是这个原理。当我们打开 App 时，就开始了第一次的触发；当你简单地向上滑动时，就进入了行动阶段；紧接着，几乎没有任何延迟，你就会得到新的视频，这相当于一次极快的反馈；然后循环往复，直到你精疲力尽不得不退出 App。抖音的奖励系统是依托平台强大的推荐算法实现的。这种算法会根据你点赞的视频对你的喜好进行分析，进而当你上滑时，你进入的新视频大概率是你最喜欢的类型。当一个又一个你超喜欢的短视频不断地出现在你面前时，你还会轻易退出抖音吗？

3. 洗脑的音乐

抖音设计之初，就被定义为“专注新生代的音乐短视频社区”，音乐短视频是其核心要素。随着抖音的爆火，大量的“抖音神曲”也红遍大江南北。伴随视频中有趣的画面，洗脑的音乐在人们的耳中循环播放。甚至是你退出抖音后，脑中仍然“余音绕梁”。

这种音乐的专业名称叫作“耳虫”。内容越简单，重复性越高，音乐越容易在脑中单曲循环。抖音的音乐恰好就满足这样的条件，反复的旋律、反复的节拍、重复的高音、简单的歌词，使用户反复强化着对音乐的记忆，进而牢牢地吸引住用户的注意力。

4. 无法预知的内容

抖音的内容区基本占据了整个界面，使用户每次只能看到当前的一个短视频内容。因此不同于快手等其他App瀑布流的形式，抖音及其用户不能预知下一个要看的短视频内容，而恰恰是这种不确定感才使人产生更大的好奇心。每次看完视频后都急不可耐地想要知道平台又推荐了什么视频给自己，再配合抖音极度便利的上滑式操作，用户便很难走出“滑出下一个视频”的怪圈。在不断滑动过程中，你总有一种“下一个视频是不是会更好看”的探求欲。

有实验证明，随机、不可预测的奖励最容易刺激人的大脑，从而使大脑分泌出大量的多巴胺，使其自身笼罩在莫名的兴奋中。多巴胺起到的作用并非直接使人获得快乐，而是当你期待获得奖励时产生强烈的兴奋感。

抖音的用户就常常有这样的体验，即使自己很累了，但仍然无法控制自己的手指，继续滑动到下一个视频。这样的行为模式正是大量多巴胺分泌的结果，你会疯狂地寻找新的刺激点，疯狂地期待下一个奖励。也就是说，在抖音中，我们了解到了如何才能得到快乐，并且愿意为了获得这种快乐付出努力！

正是抖音对人性十分到位的把控，才使越来越多的用户无法离开抖音，积极加入抖音的创作中。大量创作者的涌入也让平台时刻流淌着新鲜的血液，给用户提供了更多有趣的视频。人性的“弱点”早已让大家欲罢不能，与此同时，抖音的日活跃用户数量也如潮水一般迅猛增长。

6 品牌沉淀：版本升级，优质体验是关键

抖音最初上市时，短视频市场已有美拍、快手等成熟的短视频类 App。因此，如何实现后发制人、发挥自身优势抢占用户，是抖音最需要关心的问题。

从 2016 年 9 月至 2017 年 7 月，抖音从 1.0.0 版升级到 1.4.6 版（见图 1–4）。

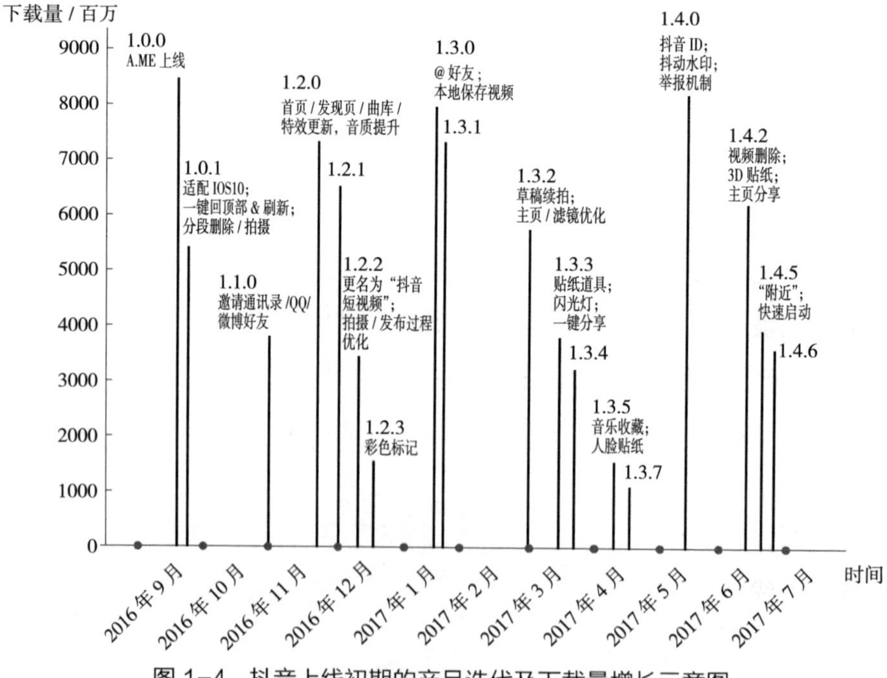

图 1–4　抖音上线初期的产品迭代及下载量增长示意图

从版本迭代示意图中我们不难看出，上线初期，抖音的版本优化主要围绕提升用户体验、完善功能、修复漏洞、确定目标用户并尝试新功能的满意度几个方面。

在提升用户体验方面，抖音做了如下努力：

（1）优化拍摄体验。优秀的短视频拍摄体验可以达到“优化拍摄体验—产生优质内容—增强社区活跃度—吸引及保留用户”的效果，因而必须将拍摄体验作为优化的排头兵。例如，快手就对短视频拍摄不断加入诸如魔法表情、贴纸等新功能，使用户保持新鲜感。抖音同样是短视频 App，并且主打音乐类短视频，因而必须保证拍摄这一基本功能的创新和体验的优化。

持续多个版本的更新中，抖音都在进行短视频拍摄方面的升级，包括丰富曲库内容、提供炫酷特效、简化拍摄流程、提高加载速度等一切能优化用户拍摄短视频体验的、有利于推广自我创作的玩法，以及增加 3D 贴纸等新元素。

（2）优化特效体验。全方位提升的滤镜和特效满足了抖音用户群追求个性化、体验新奇感的心理需求。滤镜和特效不仅能使用户的作品更加有趣，吸引观看者去展示、分享和传播，也极大地提高了创作者的满意度，更是提供了二次创作的可能性。

（3）优化感觉体验。音质和画质的不断提升优化了用户的使用及操作体验。

（4）优化社交体验。支持分享到美拍，在视频下方通知和关注好友，通过通讯录、QQ、新浪微博添加好友，一键分享等功能，更为便利地实现“旧带新”的拉新模式，使获取新用户更容易。

抖音优化上述这些功能的主要目的在于不断提高用户体验的满意度。毕竟，用户的满意才是吸引用户的基础。

同时，确定产品的大基调是抖音初期阶段迭代升级的一个重要发展目标。上线初期除了用户与用户之间交流的私信功能没有上线外，其他核心业务逻辑均已上线，基本完成了对产品核心功能的打磨。

毋庸置疑，抖音上线初期持续不断的版本优化，最终找到年轻人对音乐短视频接受的最佳路径，实现了产品从构思到初步成形的飞跃。当然，这也是困难最多的一个阶段，如何发掘用户需求和优化相关功能等都是抖音团队当时需要解决的问题。从版本迭代过程中可以看到，抖音为此做了大量的产品功能优化工作，并添加了新鲜有趣的功能用于吸引年轻的用户，同时也做了许多大胆的创新性尝试。

抖音上线初期，由于功能尚未定型，所以在该阶段并没有贸然进行暴力运营和拉新。从图 1-4 中我们也可以明显看出抖音在本阶段虽然对自身更新了多个版本，但当时其总的用户增长数量（下载量）是较为缓慢的。在运营方面，此阶段抖音处于初步尝试期，其并没有花费大量金钱去宣传引流，而是在抖音内部安排专业的舞蹈或寻找音乐团队创作原创音乐，之后将其发布到其他平台上小幅引流。此外，抖音还在内部建立话题视频挑战，刺激视频库的扩大，为后续的运营宣传做早期铺垫。

这一阶段，抖音在其他平台上的宣传也较为低调。直到 2016 年 11 月，团队才在新浪微博上发布第一条动态，该微博只是单纯宣布产品的问世，并且只是由内部人员打理，并没有采用专业的团队进行宣传。此阶段抖音的新浪微博账号基本没有多少用户关注，运营手段也只是偶尔转发带有抖音水印的优秀作品，很少有人评论和转发。抖音团队并没有将精力放在微博运营上，可见此时抖音志不在此。

综合各方面我们可以看到，抖音在上线初期还是以打磨自身产品的功能为主。通过实际接触用户，用真实的反馈数据快速优化产品，在最短的时间内，在产品的价值和用户体验之间寻求平衡点，目的是利用增强用户的良好体验来吸引一定量的初级用户。

虽然这一阶段抖音还未进行大幅的推广运营，用户量还比较少，但最初的自我翻新与修整是一切后续操作的基础，也正是由于这个阶段的打磨才使抖音初步形成了自己在众多短视频 App 中的独有风格。

7 首次亮相：岳云鹏喊话抖音短视频女网友

在初创探索阶段，抖音虽然没有将大量精力放到用户推广上，但是仍然有过小小的尝试。2017 年 3 月 13 日，相声演员岳云鹏，粉丝送绰号“小岳岳”，转发了一条寻人微博，并附上一段模仿自己的视频（见图 1–5）。

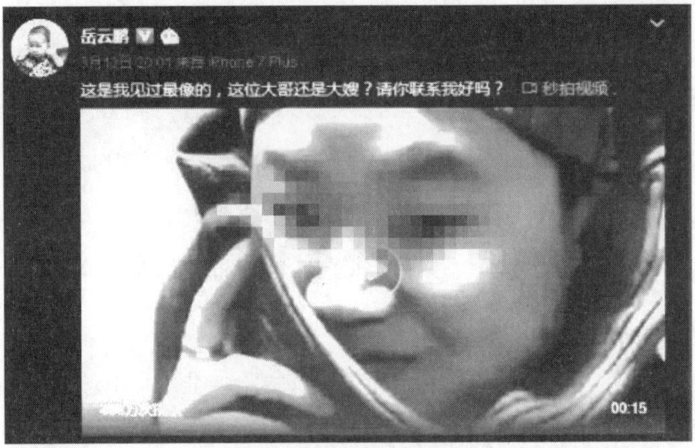

图 1–5　岳云鹏微博喊话抖音短视频女网友（微博截图）

视频中的女子，无论是长相还是动作都和岳云鹏高度相似，连神情都几乎是不差毫厘。该女子模仿视频的配乐更是选用了由岳云鹏演唱的《送情郎》，再配合得天独厚的长相和模仿功底，几乎可以以假乱真。尽管岳云鹏一再强调这不是自己，但网友还是纷纷起哄称“这就是小岳岳本人”，评论区气氛十分热烈。

重点在于，这段视频右下角醒目地标示着“抖音”二字的水印，“出卖”了视频的来源。随后这条微博在网上被四处转发，收获了 8 万多人次的点赞数以及超过 5000 次的转发量。网友在纷纷表示“模仿得太像了”的同时，也对这款全新的 App 倍感好奇。

这是抖音第一次凭借流量主的转发完成自身产品的传播，其实岳云鹏的转发并非偶然，在此之前就有无数工作人员及抖音初期用户“@ 岳云鹏”[①]，以此引起他的关注。这个事件可以看作抖音团队有意为之的举动，意图通过大胆的尝试让抖音逐渐进入大众视野，方便其后续的宣发。

岳云鹏作为拥有 1000 万粉丝的超级“大 V”[②]，其带动流量的能力不可谓不强大，选择他作为抖音的第一次自我宣传是一个很好的开端，收效也极佳。短短 7 天后，岳云鹏再次隔空喊话视频的抖音创作者，称希望对方过得幸福，一来二去就将大众的目光完全吸引到了抖音这款 App 上。

其实通过“大 V”来推销产品是很多公司惯用的推广方法，这样的营销方式也称为“影响力营销”。过去常用的名人代言现如今依然流行。随着网络技术的发展，通过一些名人“大 V”进行转发等方式推荐产品效果更佳。当然并非所有产品都适合“影响力营销”的方式，只有具备了以下几个特点，“大 V”在转发引流时才会更加自然。

首先，产品必须具有广泛的影响力。必须确保你的产品可以为大多数人所接受，并且具有广泛的吸引力。每个产品都应当有自己的话题，并且可以被炒热。否则尽管“大 V”尽力帮你推广，但如果产品受众太小，吸引不了大多数人的注意力，那么再多的努力也是徒劳的。

① 在微博以及现在的很多社交类应用软件中，@ 符号是“提到你”“对你说”的意思。比如，在微博或其他相关应用软件中，假若你有什么资讯想跟他人分享时便可以 @ 对方的账户。

② 微博账户通过身份认证以后，账户名称后面通常会显示一个“V”字符。后来，人们将经过个人认证并拥有众多粉丝（50 万个粉丝以上）的微博用户称为“大 V”，有时也泛指在互联网上拥有大量粉丝的公众人物。

很明显，抖音是一个最适合炒作并且易被打造成爆款的App。之所以这么说，是因为抖音平台使用推荐算法帮助用户挑选视频，非常容易使流量集中，更容易使自身的产品内容（短视频）具有较高的话题性，从而使自己吸引受众关注的同时，更使人们普遍接受它。就拿岳云鹏的例子来说，正是模仿岳云鹏的视频具有高度的话题性，因此一经岳云鹏转发就能迅速爆红，成功吸引用户注意力。

其次，产品的设计必须做到能够吸引用户。名人帮助推销时常需要配合产品的形象和标语进行介绍，如果产品形象设计得过于平庸，不仅会增加推销者的工作量，而且效果也会很差。抖音无论是从Logo、名字方面，还是从产品主界面方面，都具有极强的辨识度，很容易在推广的过程中抓人眼球。

正是抖音本身具有易于传播的良好特质，才使这次营销推广尝试大获成功，才使抖音赢得了从产品探索阶段开始的第一笔流量注入。

8 熟人拉新：利用信任关系实现“通讯录裂变”

利用“大V”影响力获得了第一批流量的抖音，随即开启了利用信任关系吸引下一批流量的运营模式。

App拉新绝对是产品运营上最大的一个难题，地铁上、电视上到处都是App抢夺的战场。拉新的方式也是多种多样，其中拉新成本低且最为高效的方法是以老带新。熟人拉新之所以不用花大价钱，转化率也高，是因为其靠的是口碑传播转化。现实生活中，所有的广告都没有你的朋友对你说“我下载了抖音，它简直太有趣了”更能让你跃跃欲试。

淘宝的流行依赖的就是社交信任。在淘宝付款流程、商品质量审核、售后服务等方面趋于完善之际，用户在完成消费，并拥有良好的体验时，会将其推荐给身边的人，因而知道和使用淘宝的人越来越多。淘宝的品牌影响力就以这种纽带关系扩散出去，达到了全面推广的目的。

说到熟人社交，不得不讲拼多多的推广。拼多多成功的法门就在于“病毒”式的交际裂变战略，它让用户在分享的过程中获得让利，而“拼团、砍价”的背后依赖的是熟人的信任，如果是陌生人就很难形成规模效应。邀请好友给砍个价，即便仅仅是认识，不那么熟，对方也很容易动一下手指头为你助力一把。利用熟人推广，拼多多在不到3年的时间里就拿下近3亿用户。

对大多数社交App来讲，这种便捷有效的推广方式是最佳的营销手段。鼓励用户同步通讯录，一旦用户同步了通讯录，用户在社交 App 上发布的任何信息都会被系统推送给好友，进而实现通讯录裂变。抖音也是如此。

V1.1.0 版本是抖音正式对外发布的第二个版本，与第一个版本的最大区别就是加入了社交功能，如支持查找通讯录、邀请 QQ 好友和微博好友等。在用户注册抖音账号的过程中，系统会自动提升“是否可以查看通讯录”，如果用户选择“同意”选项，那么用户发布的每一条视频都将被系统自动推送给通讯录好友中的抖音用户（见图 1–6）。

图 1–6　抖音添加好友界面

这就表示，只要通讯录中的好友下载并注册了抖音，那么你自然而然就能够刷到好友所发布的视频。而且，有时候还会出现推送通知，比如，“你的好友 ××× 在抖音上上传了一条视频，赶快去围观吧”。

作为音乐短视频平台，抖音在社交方面存在先天不足。抖音通过增加添加好友、在短视频下“@ 好友”、与好友互动的方式试图从其他社交平台引流。在初期版本就迫切地完善社交功能，足以看出团队对社交的渴望。

社交生态的养成能极大地增强用户黏性；并且朋友之间的互动也会增加产品的可玩性，激发个人的创作欲望，进而形成“创作—观看—创作”这一良性循环，并最终通过社交拉动产品用户量的飞速增长。

短视频初期的播放量、完播率和点赞量，一般都是用户通讯录好友的贡献，因此通讯录好友成了实现用户数量增长的源头。由于熟人关系的存在，用户在一定程度上会提高观看意愿，并愿意主动点赞、留言互动和转发。当视频的质量达到一定水平之后，就能够通过这一层层的推广，达到营销的目的。

熟人推广的方式也被称为“通讯录裂变法”。为了暗示用户绑定通讯录，抖音在其主界面放置了很多绑定入口，譬如各种“温馨提示”式的弹窗等，其意图十分明显，就是想要通过通讯录进行自推广（见图 1–7）。

图 1–7　抖音界面中的“发现通讯录好友”弹窗

据相关机构推算，假设一个抖音用户的通讯录中拥有 500 个好友，那么一次裂变就能达到 25 万人，二次裂变就能超过 1.2 亿人，传播推广速度呈几何指数增长。在迅速传播用户发布的短视频赚取热度时，对抖音的品牌也是一次无声的推广。

抖音的核心算法改变之后，抖音对手机通讯录的重视程度达到了一个全新的高度。一部没有通讯录好友的手机所注册的抖音账号权重，要远远低于拥有通讯录好友的旧手机账号的权重。通讯录中使用抖音的好友越多，该手机所注册的账号权重也就越高。这种机制也是一种潜在的熟人营销，试图通过通讯录裂变来达到抖音营销推广的目的。

利用熟人社交，抖音完成了初步的粉丝积累，而之后粉丝数呈几何倍数的暴增，靠的也是这种熟人与熟人之间的信任关系。

第 二 章

推广期

全方位宣传，抖音初露峥嵘

2018 年春节，抖音开始发力并席卷全国，开启持续增长模式。为了推广，抖音不放过在各种综艺节目中的广告植入，不仅登上了《快乐大本营》的舞台，还与《中国有嘻哈》密切合作。抖音攻势凶猛，引爆了崛起的春天。

1 产品宣传：版本迭代，吸引用户，抢占市场份额

经历了最初的版本优化及冷启动后，抖音开始将视野投向大众，进入产品的推广期。从 2017 年 8 月开始到 2018 年 6 月，抖音下载量呈现爆发式增长，且增长速度越来越快（见图 2–1）。

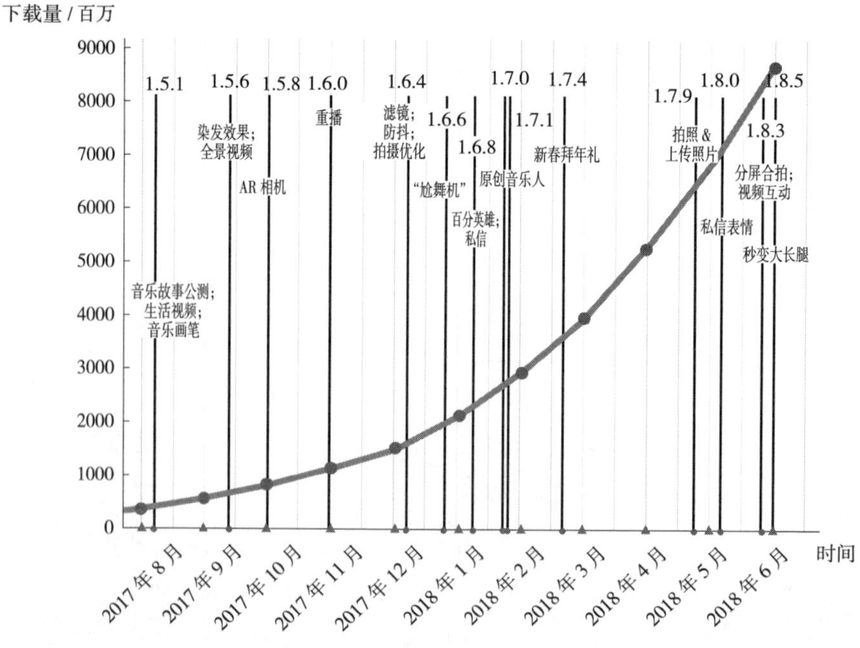

图 2–1　抖音 2017 年 8 月至 2018 年 6 月产品迭代及下载量增长示意图

抖音在该阶段需要实现的重点就是用户数量的增长以及抢占竞争对

手的地盘。因此，这是抖音最为重要的一个阶段，它让抖音大量地接触目标用户群体，实现产品和品牌的双扩散，将抖音打造成了短视频领域的佼佼者。

尽管这一阶段团队已经逐渐将工作重心向运营层面倾斜，但产品是一切运营的根本，产品的迭代必须跟得上运营的步伐，只有产品和运营二者相辅相成，才能提高用户量及活跃度。分析该阶段抖音更新的所有版本信息，可以洞悉抖音团队在推广期的思路和动向。

1. 让创作者拍摄的视频能吸引更多新用户

在美化拍摄效果方面，抖音先后推出了 3D 贴纸、全背景分隔贴纸、音乐画笔、全新美颜效果、染发特效等功能。1.5 版本基本完全用于对炫酷特效和视频美化的实现。由此不难看出官方期待在该阶段大幅提高用户观看短视频的趣味性，增强用户黏性，并且吸引新用户的加入。

2. 吸引更多创作者为平台提供活力

在创作者方面，抖音该阶段版本迭代后，支持分享个人主页功能，这不仅促进了抖音的自我宣传，还满足了相当一部分创作者推销自我的需求。原先只能分享单个视频并不能突出创作者在作品中的重要性，而个人主页的分享则直接将创作者自身作为“品牌”推向大众；支持视频创作者删除评论区内容提高了创作者对用户的掌控，杜绝了恶意评论；在创作者账户首页支持绑定新浪微博账号，提高了用户在各平台之间的流动自由，使创作者引流更加容易；推出的 360 度全景视频、AR 相机等新功能则大幅提高了内容创作的趣味性。

该阶段抖音还删除了之前的“新鲜”功能，推出全新的“附近”功能。“新鲜”功能与用户首页的推荐重叠度较高，导致用户使用的意愿不高，因而删除该功能是“众望所归”。新增的“附近”功能主打社交属性，也避免了流量的过度集中。对创作新人来说，可以从其他渠道获取观看量不仅很友好，而且极大地增强了他们的创作欲望。此外，该功能还会勾起用户对周围达人的好奇心，愿意跟周围的达人进行直接互动，提高视频带给用户的体验感。

这里，重点说明一下该阶段抖音新推出的故事（story）功能，该功能可以将创作的时间线拉长，更利于展现事件的整个过程。短视频本身不具长期叙事性，因为其往往是即时分享瞬间的内容。然而有些事情有较长的发展过程，需要交代较多的背景，要使观看者有更好的观看体验，往往需要以故事的形式将整个事件娓娓道来。可以看出，尽管抖音以短视频为主，但其为满足不同群体的需求，仍为较长篇幅的内容留有了一定的创作空间，展现多元化的社区环境。

3. 对商业模式的初步试探

在该阶段，抖音对商业模式进行了初探，也对产品的相关功能进行了更新：

（1）美化视频拍摄效果，比如秒变大长腿等功能上线；

（2）使拍摄创作更加有趣，比如“尬舞机”、合屏录制上线；

（3）商业公司可以拍摄自己的品牌视频，比如配合运营活动做的新春拜年礼等产品功能。

同时，抖音开始引入一些商业公司及其团队，允许其发布宣传自身品牌或产品的短视频，进行信息流广告的传播。2017 年 9 月 21 日，抖音与 Airbnb[①]、哈尔滨啤酒和雪佛兰合作推出了三支品牌视频广告，并且大获成功。引入商业模式可以促进品牌方和自身产品的联动，是实现产品变现的一个重要方面。抖音产品负责人称，该模式将作为抖音商业化的发力点，是抖音未来重要的发展方向。

总而言之，抖音在推广期实现了用户量质的飞跃，这固然与其成功的运营密不可分，但究其根本，产品是一切运营的根基。通过两个大版本的迭代，抖音在吸引用户、保持用户、吸引创作者方面持续跟进，保证一直具有较强的引流能力，才使其后续的推广工作能够得心应手。

① Airbnb，其中文名称为爱彼迎，是一家旅行房屋租赁服务网站，用户可通过网络或手机应用程序发布、搜索旅行 / 度假房屋租赁信息，并完成在线预定程序。

2 明星宣传：最强明星阵容强势吸睛

明星所带来的明星效应，可以帮助企业或产品迅速打出品牌效应，使企业或产品在市场竞争中站稳脚步。一般而言，10 名当下最火爆的明星带动的粉丝量，就能达到互联网用户总人数的一半。所以，集结明星艺人推广品牌，是抖音一贯坚持的推广路线。

抖音作为主打新生代年轻人的短视频品牌，邀请到的明星自然也是以年轻人最爱的“流量大咖”为主，清一色的“小鲜肉”着实吸引了不少年轻人的目光。

2018 年，抖音官宣 10 名首席代言明星，杨洋、关晓彤、迪丽热巴、陈赫等明星纷纷在列。如此强大的代言阵容可以说是空前的，抖音的意图十分明显，就是要不计成本地请流量明星将抖音推向市场。

当然，抖音并不是只关注所请明星的名气，而是更注重品牌宣发的形式。比如，抖音请深受年轻人喜爱的歌手大张伟做宣传。然后，大张伟带着他创作的抖音主题曲横空出世，席卷全网。

在《大学生来了》节目上，大张伟首次演唱抖音宣传曲《不服来抖》（见图 2-2）。这首歌也是大张伟亲自操刀的，符合其一贯的强节奏感及时尚潮流的曲风。

《不服来抖》是大张伟与抖音首次合作，是为“就是不服气”的年轻人定制的一首“有脾气的歌曲”。歌词的前半部分“我一抖 / 踩了你的文

图 2-2　大张伟抖音宣传曲《不服来抖》海报照片

艺，我一抖 / 碎了你感性，我一抖 / 踹了你的矫情”“我一抖 / 废了你的丧气，我一抖 / 治了你涕零，我一抖 / 灭了你的伤心”，直接“挑衅”年轻人的丧气情绪，就是要抖掉矫情，抖掉伤心！

经典的宣传曲会将品牌的特性、理念、风格等全面地展示在用户面前。在这方面，歌曲《不服来抖》可谓十分成功，从歌名到曲风再到歌词都体现了抖音无处释放的青春活力。

“就是豁得出去”“就是这么来劲”，以及最后的“不服来抖，抖翻这天地”“抖抖抖抖　抖疯你和我”，歌曲风格魔性、随意、酷帅，将有个性的不服气的年轻人全部征服。

当然，抖音看重的不只是流量明星宣传的能力，还有其背后的流量。流量明星入驻抖音平台，并发布最新动态，就等于把自己庞大的粉丝团搬运到了抖音上。

大张伟在演唱《不服来抖》的同时，就在抖音平台发布了《不服来抖》的 MV（见图 2-3），这是他在抖音上的第一个作品。此外，他还通过新浪微博转发了这则 MV，又收获了数以万计的转发点赞。

凭借这一波操作，歌曲《不服来抖》迅速占据各大平台头条，各大社交网站无数用户竞相转发歌曲 MV。在网易云音乐、QQ 音乐上也迅速获得推荐位置，甚至一度登顶 QQ 音乐巅峰榜。无论粉丝团体还是路人都被这个全新 App 的时尚内涵所吸引，纷纷注册登录抖音平台一探究竟，抖音因此收获了海量的曝光度和巨量的全新用户。

图 2-3　大张伟《不服来抖》MV 画面截图

邀请知名创作人为品牌创作宣传曲目并非抖音原创，如《英雄联盟》就曾邀请巨星周杰伦创作游戏主题曲，并引发粉丝和社会群体的巨大反响。名人依靠其自带的聚光灯效应在将宣传曲大力推向市场时，相当于为品牌进行了一次“大号”的代言。

为彰显自身音乐短视频的特色，歌星是抖音必须争取的群体。抖音不仅邀请了大张伟，同时，还邀请了大量歌手入驻并发布新曲，鹿晗、胡彦斌等纷纷在该时期发布自己的第一条抖音动态。2017 年 4 月 10 日，胡彦斌更是携新歌《没有选择》空降抖音，仅 3 天其粉丝关注量就超 50 万人。7 月 20 日，鹿晗新歌《零界点》在抖音首发，伴随的同样是海量粉丝蜂拥而至。

歌曲首发本身就是吸引流量的大事件，歌手自己的粉丝更是时刻关注歌手的首发动向，选择邀请歌手在抖音上新歌首发，正好可以将粉丝群体的流量大幅转移至新平台。

社会上的高流量明星也是抖音争取的目标，杜海涛等人的加入为用户展示了抖音不拘一格的玩法。在杜海涛的作品中，几乎所有短视频都是戴着面膜的搞笑画风——伴随喜感的音乐对着口形，配合上夸张的表情。这样的画风非常吸引从未接触过这类短视频风格的年轻人。

抖音利用明星进行营销借鉴了 KOL 强大的带货优势。KOL 为关键意见领袖（Key Opinion Leader）的简称，通常指拥有更多产品信息，且易被相关群体接受或信任，并对相关群体购买或使用产品有较大影响的人。

简单来说，对粉丝而言，明星就是一个典型的KOL。KOL使用的产品会极大地促进粉丝的购买欲望，例如，现在最火的直播带货就是利用明星效应去推销产品。

另外，品牌方在挑选代言人时，更关注的是品牌和明星的契合度。只有明星自带的气质与产品自身的风格、品牌形象做到完美匹配，才能使产品更深入人心。抖音借助代言和入驻明星的高流量、高曝光，成功吸引了海量新人的加入。

3 节目宣传：不惜重金投资综艺节目

从2017年第二季度开始，拥有超高人气，集聚了巨大流量的综艺节目，成为各大短视频App争相发力的广告阵地。快手曾在《奔跑吧！兄弟》《吐槽大会》等头部综艺植入广告，抖音自然更是不甘示弱。表2-1是2017年至2018年抖音赞助过的综艺节目。

表2-1　2017年至2018年抖音赞助过的综艺节目（不完全统计）

序号	时间	节目名称
1	2017年4月	《高能少年团》
2	2017年4月	《我想和你唱2》
3	2017年6月	《中国有嘻哈》
4	2017年6月	《大学生来了》
5	2017年6月	《明日之子》
6	2017年7月	《中餐厅》
7	2017年7月	《开心剧乐部》
8	2017年8月	《快乐大本营》
9	2017年9月	《明星大侦探3》
10	2017年10月	《演员的诞生》

续表

序号	时间	节目名称
11	2018 年 1 月	《歌手 2018》
12	2018 年 1 月	《最强大脑》
13	2018 年 3 月	《这！就是街舞》
14	2018 年 7 月	《天天向上》
15	2018 年 10 月	《明星大侦探 4》
不包含跨年演唱会、卫视春晚等节目		

在抖音赞助的众多节目中，真正意义上将其首次推向大众视野的，是 2017 年暑期非常火爆的《中国有嘻哈》(见图 2-4)。

图 2-4　抖音赞助《中国有嘻哈》海报照片

在各种好声音、好歌手、好歌曲等题材泛滥的综艺节目中，《中国有嘻哈》富有节奏感的音乐搭配简单直白的歌词，又燃又炸，再加上嘻哈音乐人个性十足的穿衣打扮和表演风格，迅速捕获了年轻人的心。爱奇艺独家播出后，在国内掀起了一阵嘻哈热潮。

抖音从该节目的第七期开始，以赞助商的身份进入。抖音看上的大概就是这种和自己酷炫风格吻合的嘻哈风。从受众群体上看，抖音的定位是做“年轻人的音乐短视频社区”，其用户多是一二线城市、24 岁以下、受过良好教育的年轻人；《中国有嘻哈》符合的是有态度、有个性的

“90 后”及“00 后”用户群体的口味。两者的受众重叠度非常高。

抖音赶上了嘻哈音乐的热度红利。在节目播出期间，抖音日活跃用户数量增长至 1200 万，一举成为当时下载安装量仅次于美拍和快手的短视频类 App。

尝到了与综艺节目合作的甜头后，抖音在后来的推广措施中果断增加了与头部综艺节目的合作。如《快乐大本营》《偶像来了》《开心剧乐部》《最强大脑》等，这些综艺节目的受众群体和中国有嘻哈一样，都具有普遍年轻化的特点，与抖音的目标受众吻合度很高。

可以看出，一旦确定综艺节目符合自身目标群体，抖音就会不计成本地将其“拿下”。据悉，抖音在《中国有嘻哈》的投放价格是 2500 万元。节目越火爆，价格自然越高，而推广效果也是惊人的。从 2017 年 5 月到 12 月，仅仅半年时间，抖音的用户量就飙升了 10 倍以上。

当然，综艺节目营销单单是选择流量扎堆的节目还不够，要达到好的广告效果，还需要配套的多元化广告植入方式。除了常规的植入方式，将产品设计成游戏、比赛某一环节的标配，或者将产品与情节结合，也成了综艺节目中越来越常见的广告形式。

赞助《快乐大本营》时，抖音不仅有大量醒目的抖音 Logo 穿插于节目中，而且录制了特别的产品小短片，发布在节目新加入的广告小短片环节。通过有趣的短片使观众在休息时能以轻松的姿态了解抖音产品的魅力。

在今天看来，对抖音推广产生重要影响的是芒果 TV 的口碑综艺《明星大侦探》，在这档节目第三季时，抖音成了其重要的合作伙伴。那句“抖音越玩越 high，办案脑洞大开”成了不少用户对于抖音的第一印象，吸粉效果十分明显。

抖音对综艺热门节目的赞助采用的是重点式和持续性的策略，即始终保持抖音在传统媒体上有一定曝光度，使其热度不减，用户量得以持续增长。2018 年 7 月，抖音成为湖南卫视老牌综艺节目《天天向上》的独家冠名商。

那么，在互联网发达的今天，依托于线上业务的抖音为何频繁将目光投向传统电视娱乐节目？

首先，电视节目产业发展得已经十分成熟，有成熟的广告投放经验。抖音与电视娱乐节目合作省心省力，基本可以享受“一站式”服务，一步到位。

其次，尽管互联网逐渐成为人们生活娱乐的主流平台，然而得益于多年来的深耕，制作团队的精良，大量明星的参与，传统电视娱乐节目仍然有巨大的受众群体，人们仍然乐于选择自己早已熟悉的电视娱乐节目。因而在此处投放广告看重的就是大量的潜在用户，以量取胜。

最后，尽管属于传统电视娱乐，但是为适应时代发展，各大娱乐节目也可以在线观看。同时，节目的周边活动，包括粉丝的应援与讨论，精彩内容的投放，都以互联网为依托。这部分活动的参与者与抖音的目标群体有较大的重合度，足以吸引大量新用户的加入。

如今，迅速发展的抖音和综艺节目的地位已经发生了逆转，已经从抖音依赖综艺赞助“引流”转变为综艺节目依赖抖音平台“扩散”。例如，著名节目《王牌对王牌》将自家视频拆分为多个短视频发布到其抖音官方账号上，收获大量粉丝的同时也提高了节目的知名度。当“我在抖音刷综艺”成了无数人的生活常态时，抖音可以感到自豪。

4 春晚宣传：新旧巨头不计成本角逐的舞台

说到传统电视娱乐节目，一定绕不开春晚。每临春节，数以亿计的在外务工人员回到家乡，他们在与家人阖家团圆之际，最重要的活动除了一顿丰盛的年夜饭，就要数观看春晚了。超高的收视率、极高的观众聚集度使各大品牌垂涎欲滴，纷纷渴望成为春晚的赞助商。

2018 年，抖音赞助浙江卫视的春晚一炮而红，本已稳操胜券进驻央视春晚，却被 MC 天佑的一声喊麦喊断了春晚梦。央视以杜绝低俗为由禁止所有短视频赞助春晚，一瞬间所有努力化为泡影。

一年后的 2019 年春晚，抖音仍未放弃吃下这块诱人的蛋糕，这次抖音如愿以偿。央视宣布抖音作为 2019 年春晚指定社交媒体。此次赞助，抖音提供了针对春晚的新玩法，包括话题挑战、创意玩法、结合 AR 等人工智能技术，引领用户拍摄出更加有趣、更加美好，充满年味的视频。同时，在春晚当天，抖音还上线了新功能“模仿秀”，鼓励用户积极参与到春晚活动中，给大年夜增添了一份乐趣。

对于身居海外的华人来说，周围缺乏节日氛围使年过得并不“过瘾”，而抖音也顺应这部分用户的需求，在海外版抖音 TikTok 上，更新了充满年味的合拍、抢镜等独特玩法，为海外华人营造出了浓厚的节日氛围。

抖音这次成功与央视春晚合作可谓是强强联手，双方各有受益。

首先，二者的用户或观看者数量都是十分庞大的，然而二者的针对群体却各有不同。抖音主要以年轻人为主体，而春晚尽管作为央视最为经典的节目，却一直为人诟病，称其跟不上时代，观看者以中年人和老年人为主。近些年来，央视也不断将年轻人喜爱的内容添加到春晚中，为的就是收获年轻人这个更具活力的群体。这次传统媒体与互联网新秀的合作，让对时尚缺乏认识的中老年人体验到了抖音上更潮、更有趣的内容，使他们对年轻人的生活有了观感，进而生成话题。想想看，一家人一起收看加入了抖音这一青春元素的春晚，聊聊年轻人的时尚话题，是不是也别有一番韵味？

其次，春晚的话题性能够为抖音带来巨大的流量。每年春晚都会诞生许多新的热点话题，常常引发人们的广泛讨论，因而可以丰富抖音现有的视频内容，使抖音的平台社区更加活跃、更加多元化，大幅提高用户的互动概率。同时，抖音这一最新的媒体平台可以为春晚提供新的传播方式，使其不再局限于电视和电脑，每个人都可以通过手机观看春晚，也为那些因为特殊原因而在外奔波的人观看春晚提供了新的观看渠道。

最后，二者的结合是传统媒体打破旧有思维定式，拥抱全新传播方式的一次尝试。以往的春晚都是简单地让一家人在一起观看，除此之外并没有与观众进行其他的互动。互联网的到来，打破了这种单一的模式，使更多人有机会参与到春晚的某项活动中来。

此次，抖音就在春晚加入了全新的贴纸，同时依托人工智能技术的发展，加入了手势识别，当用户做出拜年的动作时，屏幕中会出现春联，元宝等充满年味的图片，并伴有喜庆的音乐。这使春晚不再是一群人干巴巴地看表演，而是变成了大家相互之间的互动，甚至可以跟远方的亲朋好友一起远程庆祝这一年一度的欢乐时刻。

2015 年腾讯第一次赞助春晚，就通过微信摇一摇抢红包功能为春晚带来全新玩法，也因此举瞬间逆转了支付宝一直以来的强势地位。可以说，腾讯的这次赞助称得上是收益最大的一次宣传。阿里系次年不甘示弱，推出集“五福”活动，在大年夜春晚瓜分现金红包的玩法，使无数人参与到这项活动中来，拉高了自身品牌的知名度。现如今抖音的入场也为短视频领域带来了更多的曝光机会，大家可以在世界各地通过短视频参与到春晚活动中，极大地增加了春晚的趣味性。

春晚一直以来就是各大商家的必争之地，而春晚的赞助品牌一直是中国经济的晴雨表。从 1990 年第一次春晚的赞助商康巴丝钟表，到 2005 年的美的集团，再到近几年的腾讯、阿里巴巴等，不仅可以看出企业的更新换代，也暗示了互联网时代已经强势到来。

谁抓住了春晚，谁就获得了当年最大的一次流量曝光，因此谁都不会轻易放弃这个机会。成功赞助春晚的抖音再一次拉高了自身的用户数和活跃度，完美地借助中国最大的娱乐节目 IP 将自己彻底推向整个中国市场，使自己的知名度达到巅峰。

5 达人宣传：草根达人争夺战

草根达人主要是指民间那些没有经过专业训练，没有专业团队支持，却在某方面出类拔萃的人，比如旭日阳刚、大衣哥等。这些草根达人作为民间娱乐精神的代表，在网络上的人气指数绝不亚于其他大明星。图 2-5 中显示了 2018 年 11 月至 2019 年 4 月抖音的十大网红。

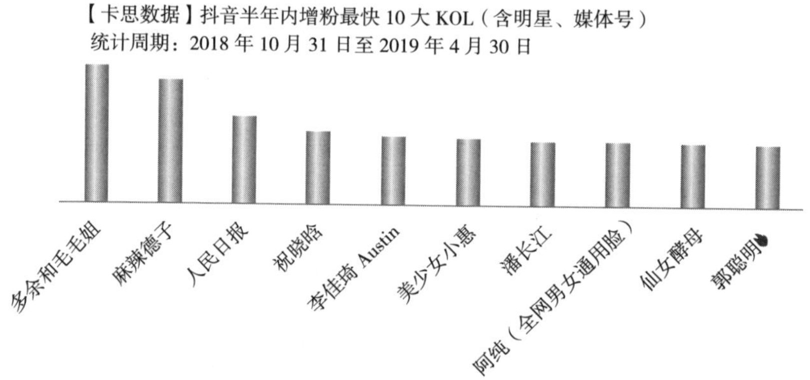

图 2-5　2018 年 11 月至 2019 年 4 月抖音的十大网红增粉态势示意图

由图 2-5 可以看出，除了《人民日报》和潘长江外，其余全部属于“草根网红”，这也意味着最贴近大众的网红反而能够在竞争激烈的短视频领域站稳脚跟。

和明星一样，草根达人也是自带流量的。如果某达人入驻平台，就意味着其粉丝也同时被平台收入囊中。

另外，草根达人不仅更加贴近生活和接地气，而且往往具有较强的创作能力。草根达人在数量上具有压倒性的优势，因而可以源源不断地提供大量作品，丰富平台的内容生态环境。正所谓明星能够带来用户，而留住用户则需要“草根网红”。

相对明星暴涨的身价，草根达人可以说既好看又实惠，因此自然成了短视频 App 争抢的资源。抖音曾和微视展开过一场激烈的达人争夺战，微视斥资 3 亿元扶持达人入驻。除此之外，还对补贴对象进行了详细的说明。据悉，微视的补贴共分 3 个等级，分别为 S、A、B 三级，S 级最高，每条微视频补贴 1500 元。抖音也不甘示弱，为加入抖音 MCN 的“草根”创作者提供流量扩容，获得开通星图权限、巨量广告投放等特权，因而可以更容易地实现流量变现和平台操作权限。

基于这种需求，网红经纪公司也开始兴起并被追捧。

网红经纪公司又称为 MCN 公司，专门负责挖掘成熟艺人，早期的抖音考虑到高昂的费用并未允许 MCN 公司艺人进驻。然而近年来抖音开始寻求与 MCN 公司的合作。究其原因，首先，大量达人和网红需要团队的管理，而抖音自身的运营团队难以招架越来越多的达人与网络红人。其次，MCN 公司能帮助艺人创作出高质量的作品，这对于抖音平台的长期发展有很大帮助。MCN 公司管理艺人免去了抖音费心组建管理团队的时间和金钱消耗。毕竟成熟的 MCN 公司需要长期的经验积累与技术探索。最后，MCN 公司的介入能更好地提高达人的商业变现能力，毕竟 MCN 公司有着一套完整的广告及推销模式。

MCN 公司的加入减轻了抖音在草根达人管理方面的压力，然而公司签约艺人往往容易被市场形势影响，稍有不利就会“腾笼换鸟”，转战其他平台。因而，抖音必须为自己的阵营培养一批核心网红达人。

抖音在选择培养和挖掘“草根网红”时也会考虑平台形象问题，即推选出的“草根网红”能否代表抖音，是否具备抖音的特色。因而，选择草根音乐创作者作为重点培养对象也就顺理成章了。

抖音在之后推出了音乐人扶持计划，创立了抖音音乐。抖音音乐负责人表示，抖音音乐将致力于构建专业、开放、真实的短视频音乐社区，帮助更多优秀音乐和音乐人被看见。音乐作为抖音的立身之本，有必要打造专门为音乐人服务的完整流程，挖掘潜在“歌星”及音乐创作人。

抖音音乐将自身定位为可视化的全民宣发平台，将依靠平台先进的管理技术为草根音乐人提供全面的曝光，并加深音乐人与用户群体的互动。同时，增强对音乐人作品的投放精度，力求每个作品都能准确投递到目标用户手中。

与知名的大牌明星不同，多年来草根音乐人一直扎根于群众，因而其作品更加贴近生活，并且草根音乐人与大众的交流也更加密切，其人和作品更接地气。通过不断的交流和反馈，草根音乐人的作品能够直达大众的心灵深处，引发人们的共鸣。

然而，由于草根音乐人的数量众多，所以如何发掘高质量和有潜力的选手就成了一个老大难的问题。抖音借助自身强大的推荐算法，能够实时查看用户对作品的反馈，因而天生就适合发掘草根选手。通过层层筛选的草根音乐人在抖音官方的大力投资下又可以创作出更多优秀的音乐作品，最终实现对抖音平台的反哺。

无论是挖掘其他平台已有的达人，还是培养自己平台的原创作者，抖音在争夺草根达人的路上势必会一如既往，毕竟平台的发展必须依靠这些创作者去维持。

6 跨界宣传：合而不同，合而后胜

有流量的地方就有商家。随着抖音成功坐稳短视频领域头把交椅，无数商家纷纷前来，或入驻抖音，或广告植入。此时，一种另类的合作推广方式也浮出水面——跨界宣传。

所谓跨界宣传，指的是某品牌联合另一品牌，推出具有一方特色的产品。通俗地说，就是两个品牌之间相互为对方打广告，达到双方用户群体相互融合的目的。

爆火的抖音自然早已被各大线下品牌盯上，它们纷纷试图借助抖音强大的流量和独一无二的产品模式为自己打开销量。从根本上来说，跨界宣传不仅可以实现资源的整合，而且可以提高传播的效率。

品牌跨界不是简单的品牌拼接，而是融合，只有找到双方契合的利益点才能达到双赢效果。契合点的寻找角度一般有四个。

（1）内容角度。将二者内容相融合推出相关产品。例如，肯德基和《银魂》的跨界，通过在漫画中加入肯德基实现内容上的交会。

（2）渠道角度。在一方销售的过程中加入另一方的内容。例如，麦当劳点餐送小黄人活动。

（3）产品角度。双方互相或单方面推出二者联名的产品。例如，农夫山泉推出的故宫矿泉水；淘宝吃货频道和 keep 及天府菜油联合推出的哑铃油，打出“一边举起健康，一边倒出美味”的口号，将三者的优势强强联合。

（4）活动角度。通过组织活动的方式将双方内容联系在一起。如故宫和 QQ 音乐联合推出的音乐创新大赛，鼓励年轻人为故宫博物院典藏的十幅古画谱写新词曲。

抖音作为一个移动娱乐 App，可辐射出的点非常多。在 2018 年“十一黄金周”期间，抖音和携程达成合作，在内容的共同点基础上推出了“FUN 肆趣旅游抖一下”晒照打卡赢大奖活动，并通过多种方式吸引用户。

为吸引用户注意力，抖音在活动之前推出互动小游戏，结合自拍功能为活动预热。用户只需要按下抖音拍摄按钮截屏，就能拥有属于自己的专属动物海报。此外，用户还可以通过实拍 + 拼贴动画的方式结合视频进行传播，在朋友圈中引起大量用户的关注。有数据显示，短短几天的时间，活动参与人数已经超过千万，可谓引起了大多数人的兴趣，为后续正式活动进行了充分预热。

活动中，抖音还借助达人们的高知名度和粉丝效应为活动造势。活动中，先后邀请了如代古拉 K、小小莎老师、罗西、纪涵中等抖音达人在各大旅游景点发起携程 FUN 肆之旅挑战赛，创作内容包括美景分享、地点打卡、旅行攻略等，极大地吸引了用户的眼球，并提高了用户参加活动的意愿。

据统计，在北京打卡的所有短视频总播放量超 10 亿次，另一个冷门景点地的短视频内容虽然仅有 18 个，但是其播放总量也超过 3000 万次。通过抖音达人的带动，活动的知名度成为“十一黄金周”最大的流量 IP。同时，活动中介绍了大量景点，为用户旅游提供了有效参考，这自然而然地促成了携程用户量的提升。

携程在本次活动中提供了高额的奖金，只需通过定位完成任意景点的打卡就能参加抽奖；同时提供了直达携程按钮，只需点击一下就能直接跳转到携程旅行“一站式”服务界面，服务涵盖机票、酒店、景点门票等旅行方面的快捷购买以及旅游相关攻略，实现更全面的流量落地方案，进而形成流量入口到具体变现方式的完整线路。

本次跨界合作的成功实现，向大家证明了准确选择合作对象完全可以实现合作双赢目的的正确性，跨界合作足以成为新的营销推广方式。

抖音作为互联网产品，本身就具有传统实体行业所不具备的超高流量，因而常常受到大多品牌的青睐。本次携程找到抖音寻求合作，看上的也是抖音巨大的流量市场，作为互联网产品中日下载量排行前三的App，凡是在抖音上火起来的景点最后都成了人们旅游的热门之选。只有通过网红造势打造更多景点，刺激用户旅游的热情，携程才能在自家擅长的旅游服务提供方面有所斩获。

尽管通过组织活动的方式实现跨界成本高昂，但是作为回报，其社会影响力也是巨大的。就拿抖音的这次跨界来说，当年“十一黄金周”选择出游的用户流量巨大，达7.26亿人次，每个用户都是此次活动的目标群体。作为最专业的旅游平台——携程和超火的短视频平台——抖音，本次活动必然能为双方再次新添更多的用户。

万物皆可跨界，品牌的跨界合作在近些年来逐渐火爆，突破自身产品限制的营销方式必然能更好地为跨界双方带来更大的利益。对互联网产品来说，拓展线下业务，将产品深度融入用户生活中也是有待开发的沃土。

7 内容宣传：尝试更丰富的玩法和内容

一款软件如果永远只有最基本的功能，即使通过营销运营吸引到了大量用户，也无法避免后期因玩法过少、使用起来过于乏味而流失大量用户。

抖音一直保持新功能与新玩法的开发，对于用户反馈不理想，使用者较少的功能采取删除或替换操作，不断培养用户黏性，让大家在抖音平台上总有最新鲜的玩法和最新奇的体验。

为了让更多用户不是只看抖音，而是乐意参与到抖音中，抖音一直都在努力推出更多新鲜有趣的功能和玩法。

1. “尬舞机”功能

抖音在 2017 年的发展势如破竹，抖音内部将根本原因归为其新技术、新功能的不断开发迭代。以 2017 年年末的爆发为例，2017 年 12 月 21 日，抖音的新版本上线了“尬舞机”的新玩法，打破了以往短视频只能看不能玩的缺陷。

“尬舞机”的研发技术支持源自今日头条人工智能实验室，这项技术其实就是人体关键点检测技术的应用。依靠它，我们可以检测到图像中所包含的人体各个关键点的位置，然后实现用户姿态到目标姿态的精准匹配。

通俗地说就是把跳舞机这样的体感游戏搬到了手机上。之前受技术条件限制，体感类游戏只能借助特定硬件设备才能玩。但是，“尬舞机”的出现标志着依靠硬件时代的终结，手机已经能准确读懂人体的肢体动作，这让普通用户也能体验到体感游戏的乐趣。

使用“尬舞机”功能时，用户必须根据视频中的内容做出相应的动作，抖音运用最先进的肢体识别技术将用户的动作记录下来用以评判是否过关（见图 2–6）。

图 2–6　抖音的“尬舞机”功能玩法示意图

增加了“尬舞机”功能玩法的抖音新版本刚一放出，就吸引了很多用户参与进来。因为“尬舞机”玩起来几乎是零门槛，人人皆可轻松参与，而效果又很“尬”，玩得好是酷，玩得不好是蠢萌。所以，无数小伙伴乐此不疲地挑战“尬舞机”中的高难度动作，十分欢乐。

用户完成后将自己玩“尬舞机”的全过程分享出去，完全没有心理负担。抖音产品负责人王晓蔚在接受采访时说：“事后来看‘尬舞机’视频的站外分享量非常高。”因为从 2017 年 9 月开始，抖音就稳定在 App Store 前十。此项目的开发团队一直立志要把这个功能做到爆炸，最后的确实现了。王晓蔚说：“到了当天半夜，我们就已经在 App Store 登顶了，也就不到 20 小时吧，那个时候我们原定的推广活动都还没开始。”

“尬舞机”完美地应用了沉浸式体验，用户玩耍时并未直接涉及短视频拍摄等功能，而是专注于玩耍本身。用户会记住玩“尬舞机”时愉悦的感觉，当他再次打开抖音时，尽管不会直接回忆起“尬舞机”的具体细节，但快乐的感觉不会消失，从而优化了抖音的用户体验。

2. 贴纸玩法

抖音的贴纸玩法当属抖音推广的吸粉利器。抖音的贴纸比美颜功能更具趣味性，是许多用户喜欢的内容创作形式之一，也是年轻人表达个性的新方式。

抖音上最受欢迎的贴纸，前 10 名中有 3 个与动物有关（见图 2-7）。比如，抖音猫脸贴纸和猫咪脚底贴纸，让“喵星人”毫无抵抗力，让各位“铲屎官”欲罢不能。

图 2-7 抖音最受欢迎的贴纸使用量排行（2019 年数据统计）

据抖音贴纸产品负责人介绍，人脸贴纸相对已经成熟，但应用到动物身上，并不那么容易，比如猫咪不同于人，它们更好动。抖音和火山联合今日头条的 AI Lab，通过搜集海量的猫视频，进行图像分析，对不同的猫脸进行分析识别，最终建立起相关模型。这可以保证在猫咪的不同动作下，贴纸仍然能与猫咪保持良好的贴合度（见图 2-8）。

图 2-8　抖音贴纸与不同动作状态的猫咪完美贴合

抖音上贴纸花样繁多，几乎所有场景都可以找到与之匹配的贴纸烘托气氛。比如，手势舞搭配暖萌冬季贴纸重温儿时记忆。又如，热播剧《延禧攻略》中，饰演顺嫔的张嘉倪入驻抖音后，非常青睐 AI 彩妆类贴纸。AI 彩妆类贴纸非常贴合脸形，又基于女性“我负责貌美如花”的心理诉求，贴纸的使用率非常高。此外，各种贴纸也非常适合服饰类品牌推广，可爱的贴纸可以弱化情境中项链、墨镜或其他服饰产品的植入。

3. DIY

在抖音上，DIY 一般运用在餐饮类短视频中。你是不是想到了海底捞的番茄牛肉饭、爆红的答案奶茶？

在抖音上各种开脑洞吃法，只有你想不到，没有人做不到。比如，强大的“吃货”们继把巧克力派冷冻之后，又发明了微波加热 20 秒的新吃法；据说把黄瓜和苹果分别切成薄片，摆在盘子里一起吃，就有哈密瓜的味道；把软糯的香蕉和脆甜的冬枣，一起放在嘴里咀嚼，会是什么味；自制油面筋、自制海鲜粥、QQ 糖自制布丁……

关于吃，“吃货”们总是能玩出新花样，创意吃法搭配短视频传播绝对是黄金搭档，再加上抖音上真实、有冲击力的内容调性和高互动性，爆款就这样产生了。

更重要的是，DIY 不仅使观看者满足了好奇心，创作者也在创作和体验的过程中收获了巨大的满足感和成就感。

4. 令人惊艳的“黑科技”

“黑科技”本意指的是缺乏科学依据并违反自然原理的幻想科学技术，而网络上赋予了它新的含义，是指人们因不明白原理而感觉很强大的科学技术。

在抖音短视频中，我们经常看到肤白貌美的“神仙姐姐”，她们一般都长着标准的“锥子脸”，其实这都是 AI 智能效果，在 AI 智能的基础上，道具才能准确地呈现在画面上。据统计，短视频用到的 AI 智能技术有人脸识别、肢体识别、语音识别、特效滤镜、全屏高清等，现在我们就来“扒一扒”抖音短视频的一些拍摄“黑科技”。

比较惊艳的是“灵魂出窍”“分身”视频，这两种视频其实是用一种方法拍摄出来的（见图 2-9、图 2-10）。

这两种视频都要先拍摄一段人物移动的视频，在视频中的几个关键

图 2-9　抖音的“灵魂出窍”特效

图 2-10　抖音的“分身”特效

位置，人物要有停顿，然后要用到一些“黑科技”软件，比如“巧影”，将视频源文件导入软件后，找到人物停顿的时间点，利用软件中的一些功能，将视频分割开，然后将人物停顿的这一帧保存为图片。此后利用抠图、虚化等方法制作出最终呈现给大家的短视频。

抖音短视频上的换脸特效也非常惊艳，这种特效是基于 AI 技术，能够将别人的脸换到自己身上，比如换成某个明星的脸，或者换成电影中某个角色的脸。这种操作其实很简单，只要上传几张头像，用软件合成就能将自己的脸换成别人的。如图 2-11 所示，就是用换脸特效将短视频中人物的脸换成了一位深受观众喜爱的影视剧演员的脸。

此外，很常见的“黑科技”特效还有小恶魔妆、摘星星、穿越、AR 画笔等。小恶魔装也是道具的一种，和它类似的有妲己妆等，这种特效能将人的耳朵拉尖，变成精灵、恶魔的耳朵，头上还会长出犄角（见图 2-12）。

图 2-11　抖音中“换脸”特效效果

图 2-12　抖音中的小恶魔装效果

抖音上的穿越特效虽然看上去有点像“五毛特效”，但它的效果还是不错的，视频中的人物手中会出现一个光球，随着手的推送，光球会落到地上形成传送门，人跳进传送门就会消失（见图 2-13）。

图 2-13　抖音中的穿越特效效果

抖音还有一个染发特效，能在拍摄的过程中改变被拍摄者的头发颜色，这项“黑科技”是专门识别头发的，不仅能识别到每根头发，还能追踪每根头发的移动。因为识别头发丝需要非常精准，所以这项技术是抖音的独门秘技。利用这些“黑科技”，再加上用户自己的拍摄技巧，就能制作出非常酷炫的视频，这是非常令人着迷的。从用户的反馈来看，特效的增多使大家拍摄视频的欲望大增。分析后台数据可以明显发现，这一时期新作品的数量大幅增加，而大量的作品辅以优质的特效能吸引更多潜在用户，最终实现产品进一步的有效推广。

抖音上的新玩法层出不穷，除上述几个外，抖音还陆续推出了红包、分屏合拍等新功能，意在优化用户体验来提高用户黏性。在此阶段，抖音增量用户虽有所减少，但存量用户的数量依然庞大。由此可见，陆续推出的新鲜玩法能最大可能地留住老用户，避免用户流失。

在内容宣传推广方面，抖音无疑是成功的。它不仅让平台用户能更好地“看”，还能让用户更好地“玩”。这也是互联网时代抖音等 App 有别于传统媒体的一个重要方面，其在内容上无与伦比的互动性，能够使用户获得极强的沉浸式体验。

第 三 章

运营期

算法，抖音崛起背后的功臣

抖音能够迅速崛起，绝对少不了算法的加持。和大多数火爆的社交平台流量分配规则不同，抖音的流量在算法的分配下是去中心化的。对于平台用户中的观看者来说，投其所好的内容推荐，紧紧抓住了用户的心；对于平台用户中的短视频创作者来说，让每个人都有机会爆红。这些对用户来说充满了诱惑力。

1 用户偏好算法：抖音最懂你，推荐的都是你喜欢的

当你打开抖音 App，不断滑动手机屏幕，满心期待地查看新视频时，你会发现抖音推送的内容越来越合自己的胃口，好像抖音越来越“懂”你了。你不再需要挑选内容，因为抖音已经帮你选出了你喜欢的作品。当你满意时，点下“小红心”（抖音界面上的点赞按钮），抖音就会更加贴心地为你服务。这一切都依赖于抖音的用户偏好算法。

用户偏好算法会根据用户自身喜好为用户分配合适的内容，用户的每次点赞或无意间显露出“不感兴趣”的行为都会强化抖音后台系统的识别，使其能更精准地定位用户个体的喜好。用日常生活来理解，这就类似于你到了饭店，服务员第一时间呈送到你面前的推荐菜单上都是你喜欢和想要的菜品，你根本无须在厚厚的菜谱本中再一一筛选和剔除。饭店这种“想你所想，予你所需”的服务自然会增加你对这一饭店的好感。同样，抖音的用户偏好算法机制也会让用户个体产生“被服务”的巨大满足感；更关键的是，在现代高节奏的社会生活中，抖音的这一推荐算法机制极大地提高了人们对所需求内容的筛选效率，替用户节省了查找所需或所喜欢的视频要花费的时间。

从产品竞争和运营的角度而言，这种算法的最大好处，就是以抖音自身平台的用户数据为基础，结合用户的一系列反馈来改进平台的功能，优化用户的使用体验，进而使抖音能够吸引和留住更多用户，形成良性

循环。

那么，在巨大的流量池中，抖音究竟是如何为用户匹配到感兴趣的内容呢？归结来说，抖音算法对用户信息的匹配依据主要有用户画像、内容分类、是否感兴趣三大要素。

（1）用户画像。所谓用户画像，是指当用户进入抖音时，抖音为用户打上的一些粗略的属性标签。

用户画像 ⇨

- 属性标签：以性别、年龄层次、消费水平、职业等为依据进行标注划分。
- 场景标签：以机场、商圈、电影院等现实场景为依据。
- 兴趣标签：以购物、教育、游戏、金融等个人爱好为依据。

（2）内容分类。所谓内容分类，是指凭借平台的技术对不同的内容进行分类，如情感、情商、职场、搞笑、励志等视频类型。

（3）是否感兴趣。从本质上来说，这是一种对用户标签的验证或校对，但抖音并不能直接去询问用户是否喜欢某一类的视频，只能根据用户的行为来判断用户的真实想法。

用户偏好算法实际上就是用户对抖音内容的满意度函数，即通过用户的各种行为，判断用户对哪类视频内容感兴趣，进而为其推荐相似的视频。用户的行为主要包括关注、点赞、评论、转发四种。这四种行为显示了用户对该视频的喜欢程度。另外，完播率，即观看一个视频的全部时长，也能够作为判断用户喜好的依据。在推荐权重中，上述五种用户行为的排序依次为关注、转发、评论、点赞和完播率。

用户在浏览抖音短视频的过程中，所留下的一切痕迹都将成为抖音后台系统校正个人标签的依据。比如，用户在观看宠物类视频的过程中，点赞、评论的行为较多，并且视频的完播率很高，甚至发生重复观看。在之后的浏览过程中，系统就会自动推荐关于宠物的视频。在新一轮的标签校对中，抖音会将用户的标签细化得更为具体，使视频推送更为精准，比如，会主动推送宠物猫视频、宠物狗视频。同理，如果用户观看才艺展示类的视频较多，就会被推荐更多关于唱歌、跳舞的视频；如果用户观看影视剧剪辑较多，就会被推荐更多关于影视剧的视频。

由于用户的画像时效很短，所以抖音会根据浏览过程中出现的不同行为校正出不同的画像，从而使视频与用户拥有较高的匹配度。比如，昨天我们一直在浏览宠物类的视频，而今天只浏览一些影视剧剪辑视频，此时抖音的推荐算法就会自动进行调整，而不会重复昨天的数据。

对于抖音的内容创作者而言，这种算法机制能够为创作者提供视频拍摄方向，他们可以有意识地设计自己的行为，引导平台自动为自己分配更多、更精准的用户流量。对于内容浏览者而言，他们可以舍弃在电脑中检索需求内容并通过平台搜索功能寻找相关视频的过程，大大优化了用户的使用体验。

抖音的用户偏好算法和人工精选推荐机制，成功地解决了短视频"没有内容可看""内容没意思"的问题。同时，为避免过度推送同一类视频使用户审美疲劳，解决推荐算法"越推越窄"的弊端，抖音系统会在充分了解用户的喜好之后，按照一定的频率推送类型相似的视频。即通过分析用户的行为，结合兴趣分类相似、主题分类相似、点击相似的诸多要素，拓宽算法的推荐方向。

总而言之，抖音的用户偏好算法以达到用户需求与视频内容相匹配为最终目的，不仅为内容创作者匹配精准的用户，也为用户推荐其最感兴趣的内容。在这一算法的实现过程中，抖音作为一个近乎完美的中间纽带，将内容创作者和内容需求者进行了精准匹配，从而使创作者有更大的创作动力，使用户个体更具有观看视频的兴趣。最终，通过抖音平台设置的关注、点赞、评论等功能使创作者和用户群体形成良性沟通闭环，形成抖音平台的黏性机制，进而成功留住庞大的用户群体。

2 消重算法：原创究竟有多重要

抄袭一直是所有内容创作者最厌恶的行为，但由于抄袭具有高收益、低成本的特点，加上抄袭与借鉴之间的界限过于模糊，因而这种行为屡禁不止。在抖音中，为了维护短视频原创作者的利益，营造良好的创作环境，抖音核心算法中的消重算法，是短视频审核过程中至关重要的一环。

顾名思义，消重即消除重复之意。当一条短视频发布之后，抖音的后台审核系统会在数据库中检索与之相似或重复的短视频内容，如果这则视频已经在抖音平台中发布过，那么它被推荐的可能性就会变得微乎其微，甚至会直接被禁止发布。一般来说，用户使用自己手机拍摄的短视频属于原创范畴，而消重算法的关注重心会放在上传的短视频上，它不会让一些具有抄袭性质的短视频同时或重复出现在用户或观看者的短视频推荐序列中。

创作一个优质的原创短视频，其难点就在于短视频的内容创意。无论是拍摄手法还是后期制作，一般都有迹可循，唯独剧情和脚本难以复制，而这两点也是整个短视频作品的灵魂所在。

对于短视频创作者而言，视频创作的抄袭和视频内容的搬运确实省时省力，但是对于用户或观看者而言，这种行为在本质上就是一种欺骗。由于用户偏好算法的存在，抖音会向用户推荐相同类型的短视频，当用户或观看者发现创作者的作品存在抄袭时，他们在很大程度上会对创作者心生失望，进而去关注一些原创短视频的创作者。

俗话说："君子爱财，取之有道。"抄袭者的行径在道德范畴上已经被众人不齿，所以很可能出现"墙倒众人推"的局面，而且原创是每一位短视频创作者都应该具有的创作态度。我们可以分享自己的生活，也可以展示独特的拍摄手法和运镜技巧，但是不能为了出名而不择手段。最关键的是，现实中往往没有人能够记住"第二名"的名字，抄袭非但无法让一个同类视频超越原创视频的热度，反而会使自己的口碑淹没在诸多用户的口水之下。

对于短视频平台来讲，原创的意义在于平台能够让广大用户在长期的使用过程中一直被新颖的视频内容吸引。如果短视频平台对抄袭行为不加约束，致使盗版和剽窃成灾，那么大多数用户也会对平台失望，最终导致平台的灭亡。试想一下，如果各种盗版短视频都能够在平台中肆意横行，就会严重打击优质短视频创作者的创作积极性。严重缺乏具有创意的短视频注入，会使整个短视频平台被内容相同或雷同的短视频充斥。如此一来，平台的活力就会逐渐丧失，平台的生命也会逐渐走到尽头。

在严格的消重算法机制下，重复或相似度极高的视频，很容易被抖音后台系统自动认定为"搬运"内容的重复性作品，从而减少推荐或自动屏蔽为仅发布者自己可看。于是，网络上就催生出一些关于如何做一名合格的"搬运工"的教学视频。譬如，如何去除水印，如何添加片头和片尾来避免被人工智能识别等技术传授内容。也许，这些方式能够使一个被复制的短视频重新出现在用户的视野中，但抄袭终归不是长久之计。一个抖音创作者只有懂得输出属于自己的视频内容，才能真正积累起自己的粉丝。一时的火爆就像是空中楼阁，当热度散去后，你只能继续追寻他人的脚步，永远无法到达前人所占据的高度。

抖音的消重算法既是一种限制，也是对原创的一种尊重。抖音的这一算法机制，在潜移默化中使短视频的创作者逐渐意识到，即使个人没有推陈出新的天赋，也不能在算法机制的夹缝中寻找微乎其微的可能，抄袭只会使创作走向尽头，只有坚持原创和创意才是永远的王者。

在抖音严格的消重算法机制下，既最大限度地鼓励和吸引了现有的优质短视频内容创作者入驻抖音平台，又极大地鼓励了具有巨大创作潜质的创作者积极拓展自我，在自身所处的领域进行优质内容的个性创作。其实，对于短视频创作者而言，制作一个优质的原创短视频并非难事，关键在于自身的态度和方式。鉴于人与生俱来的惰性，一些积极的态度和方式，总是需要诸如消重算法等这样的规则和机制进行严格的督促和倒逼。

比如，短视频内容主题的选择一直是制作原创短视频的核心环节，如果内容主题选择出现失误或偏差，就很容易影响短视频后续的制作进程。在抖音严格的消重算法下，会督促短视频创作者在选择该主题的过程中，重点考虑选择高热度以及具有较高潜在传播性的内容主题进行创作，以使其短视频内容足够吸引用户。譬如，目前一些粉丝量较高的抖音创作者在视频内容主题选择的过程中，都会浏览和借鉴一些像梅花网、新榜等专业平台上的内容，以使自身对短视频内容主题的热度有精准的把握。

又如，在短视频的内容策划方面，抖音严格的消重算法机制会大力督促抖音平台上的创作者在策划短视频的内容时，尽全力根据自己所制作的短视频风格来进行确定。如果短视频创作者要创作的是一个情景式的短视频，在消重算法机制下，就会促使创作者将重心放在情节内容的编撰上，并以此确定情节中出现的人物和道具，从而使自己的短视频内容保持较为精良的制作水准和较高的新颖性。

在短视频的拍摄与后期处理阶段，抖音严格的消重算法对创作别具一格的短视频内容的作用至关重要。在短视频创作过程中，抖音的消重算法机制允许创作者在拍摄和剪辑的手法上借鉴平台上的其他优质作品，甚至可以直接灵活套用抖音平台给定的模板，但也会利用消重机制倒逼创作者在借鉴和套用已有作品的基础上创新性地添加自己的个人想法，以确保打造自己的专属风格。

抖音严格的消重算法机制，最大限度维护了优质短视频内容创作者的切身利益，消除了大量的重复性短视频内容，在留住和拓展大量优质内容创作者的同时，也使抖音能够基于后台大数据分析用户或观看者喜好的基础上，又快又准确地推荐给用户其最感兴趣但又非千篇一律的短视频作品，这也是很多人刷抖音时越刷越上瘾的最根本原因之一。可以说，消重算法机制是抖音作为一款移动互联产品，能够在白热化的市场竞争中，后来者居上，快速崛起的技术性要件之一。

3 “赛马”算法：流量池曝光，让你平等和大号竞争

为了维护平台的创作生态，抖音采用了一种“赛马”算法，即系统为每一个新上传的短视频分发一定数量的流量，并与同类短视频在点赞量、评论量、转发量等各个角度进行对比，角逐出最佳短视频，也就是用计算技术快速而精准地筛选出“赛马”过程中的“头等马”，将其作为火热的话题性短视频持续推荐给平台上的用户或观看者。

提起“赛马”算法，就绕不开支撑“赛马”公平性的一种机制——去中心化机制。中心化机制和去中心化机制，是平台推荐算法所推内容的筛选机制。其中，中心化机制是指由系统对用户或创作者发布的内容做出判断，并将短视频推送给可能对该内容感兴趣的用户或观看者。利用该机制的典型代表为新浪微博。新浪微博的大部分流量一般集中在少数用户身上，如微博“大 V”、明星、KOL 等，因而在产品冷启动的时候，能够快速带动用户增长。这是中心化机制的优势，也是它最大的劣势。因为一旦平台的流量只聚集在头部用户，就会弱化普通用户在平台中的价值，进而出现用户留存不佳的问题。这也是新浪微博一直偏向媒体属性，无法开拓社交领域的根本原因。

平台的去中心化分发机制，是指用户或观看者根据自己对短视频封面和标题的好恶感受，决定是否打开视频进行观看。如果用户或观看者在浏览的过程中，以点赞、评论、转发等方式对该视频的内容表示喜欢，

就意味着该用户或观看者为该短视频“赛马”投出了一票，增加了这个短视频成为“头等马”的可能性。

关于去中心化分发机制，最典型的平台就是微信公众号，由于流量平等的分发机制，文章的标题和封面成了决定用户贡献点击的重要因素，从而催生出越来越多诸如标题党、“开篇一张图，内容全靠编”的公众号内容。以去中心化分发机制为核心的平台，会因为较强的社交属性而留存更多的用户，但对于一款新的移动互联网产品而言，前期用户增长会极为缓慢。所幸，抖音由于自身优势并不存在用户增长缓慢的问题。

总的来说，中心化分发机制与去中心化分发机制最大的区别就在于：中心化分发机制侧重于让网络红人更红，一旦网络红人发布了一条短视频，就能够获得较高的曝光量和涨粉速度；去中心化分发机制的流量分配相对平均，即使一条优质的短视频凭借同城或附近的推荐功能出现在首页，也会受限于用户自身的喜好，致使该短视频被用户浏览的概率远远小于前者。但是，正因为用户对自己观看的内容存在自主选择的权利，所以用户粉丝的黏性也会相对较强一些。

因此，抖音短视频的创作者在去中心化机制的平台进行创作，在基础推荐机制下，能够获得与大号平等的流量分配。只要创作者的内容足够优质，被关注和分享的次数多，就有上热门的机会。

“赛马”算法是在给予所有人机会的系统机制下展开的。“赛马”分为三个步骤。

第一步，海选。在某时某刻，在抖音平台上发布短视频的人数高达上百万，浏览短视频的人数高达上千万人次。抖音会给每个人的短视频分配一个平均曝光量的流量池，为 500 人次到 1000 人次的曝光次数，而浏览视频的用户或观看者将成为这场“赛马”的评委。

第二步，半决赛。由于视频的质量良莠不齐，抖音系统会基于分发出现的曝光流量，以点赞、关注、转发、完播率等数据作为判断依据，挑选出本回合优胜的“赛马”，再为其分配 5 万人次到 10 万人次的曝光次数。

第三步，总决赛。经过一轮又一轮的流量曝光以及短视频挑选，脱颖而出的短视频会根据推荐点击率、完播率、互动率等重要指标进入决赛圈，从而获得更多的流量曝光以及热门推荐。在抖音中，几乎超过100万次播放量的短视频都是在“赛马”算法中获得优胜的“赛马”。最终，谁能够在众多热门视频中脱颖而出，火爆全网，谁就是整场比赛的胜利者。

由于去中心化机制的存在，抖音的每一个账号都能够在“赛马”算法的加持下，成为拥有百万粉丝，甚至千万粉丝账号的潜力股。只要你的抖音账号所发布的短视频内容足够优质，你就会获得越来越多的粉丝，甚至成为全国乃至全世界家喻户晓的明星人物。

在这个泛娱乐化的时代，抖音作为一款极为大众的移动互联产品，为每个人提供了公平而又近在眼前的机会和竞争平台。生而为人，无论你是贫贱还是富贵，无论你是明星还是大众，无论你生于繁华都市还是偏远山村，无论你背景深厚还是毫无背景……只要你有才华，有一技之长，就有机会在抖音实现梦想，逆袭人生。

抖音的出现以及崛起，证明了早期红利不等人，利用用户读得懂的“接地气”方式进行互动交流，跟用户真正“玩儿”在一起的时候，才能赢得更多用户的心。作为互联网产品，要与时俱进，大胆创新，把握市场潮流方向，迎合消费者的口味。

抖音崛起的背后，是无数“草根”夜以继日的努力和付出。作为抖音的创作主力，支撑他们的是对平凡庸碌的不甘，是对改变现实的渴望，以及对未来的期许。抖音的出现，以及抖音的“赛马”算法，让他们相信一切皆有可能，并带着满腔热情一路踏浪前行。

4 叠加算法：扩大推荐，让你的短视频被更多人看到

抖音中的每一条短视频在发布之初，都会至少获得后台系统自动分配的约 500 人次的在线流量。无论是鲜有粉丝的新人，还是拥有千万粉丝的抖音“大 V”，抖音的推荐系统对他们都一视同仁。

既然所有短视频的初始流量相同，在不考虑短视频内容的情况下，为何粉丝数量相差无几的账号，却会在系统推荐上分出三六九等呢？这就涉及抖音的另一个推荐算法——叠加算法。

叠加算法，是指新视频在被推荐的过程中，系统自动为其增加权重。叠加推荐的评判标准一般以视频内容的综合权重为主，关键指标包括点赞量、评论量、转发量、完播率等。整个叠加推荐分为很多梯级，采用大数据算法和人工运营相结合的机制，每一级都有自己不同的量级。

比如，一条短视频在发布之后，在抖音后台系统自动分配的 500 人次的推荐量播放中，如果该视频的转发量达到 50 人次，系统就会自动将其判定为受欢迎的内容，为其增加到 10 万人次的推荐量。在这个过程中，该视频的转发量若达到了 2 万人次，那么系统将自动叠加，将其推荐到 300 万人次，并以此按照各层级的标准，持续叠加。很多抖音短视频在一夜之间疯涨几百万播放量的背后，其实就是叠加算法带来的效果。基于叠加算法的推荐，一般会受到以下四个方面的影响。

（1）账号初始权重。账号权重是指平台内影响作品曝光度的一项内

在数值。新号由于刚刚进入平台，所以账号权重要低于一般的账号，需要长期的积累才能够达到一般的水平。对于抖音大号而言，是否违规、违规的次数、发布内容的垂直度以及内容质量的优劣等都将影响一个账号的权重。

（2）初始流量粉丝反馈。反馈就是点赞量、评论量、转发量和完播率等数据。初始流量粉丝是指系统自动分配的流量，系统会通过分析他们的反馈来决定是否进行第二次推荐。一些新账号所发布的短视频在平台上的播放量少，很大程度上是因为初始流量粉丝的反馈不佳而被终止推荐。一旦该视频获得了较好的反馈，第二次推荐就会以几十万次甚至上百万次的播放量进行推荐，只要前一次推荐的粉丝反馈数据好，就能够持续获得推荐。

（3）已有粉丝反馈。已有粉丝所贡献的点赞、评论和转发等，都能够成为该视频获得叠加推荐的筹码。比如，一个拥有 1 万粉丝的账号，每一个视频只有不到 100 人次的点赞和评论，如果连自己的粉丝都不愿观看视频，那么又怎么能够苛求视频在叠加算法中脱颖而出呢？因此，优质的短视频内容也是获得叠加推荐的一个要素。

（4）活跃度。当一个账号持续潜水[①]，或者所发布的短视频的播放量只有几百次，就属于低权重账号，会被系统拉入低级流量池。如果在一段时间内无法做出突破的话，该账号就会被默认为“僵尸号”[②]，该抖音账号就会失去账号权重。因此，保持活跃度，与粉丝和各种网红大号互动，能够为自己吸引一些算法推荐外的流量，增加作品的播放量。

除了上述几个方面外，如果抖音用户或创作者想要获得更多的流量，完善自己的资料会为短视频推荐加分，包括头像、昵称、手机、微博等，账号资料越详细越好。抖音的审核机制为机器和人工双重审核，在

① 互联网时代，随着网络应用的不断普及，人们赋予了“潜水”一词新一层的含义。这里的“潜水”，是指只观看共享信息或留言，而不主动表露自己身份、发布信息和回复他人信息的个体账号行为或个体账号状态。

② 抖音中的“僵尸号”，是指一段时间内（一周或更长）持续发布新作品，但所有作品的播放量均处于较低频次（一般为 100 次以下）的抖音账号。

机器审核的过程中，个人资料信息完成度较低的账号可能就会被自动过滤掉。

关于视频的内容，用户一定要在短短的 15 秒内出现让人眼前一亮、能够吸引粉丝眼球的内容。如果一条视频毫无亮点，就无法产生点赞、评论或转发等操作，甚至出现账号被粉丝屏蔽的状况，导致该账号在初始流量粉丝阶段处于劣势。

用户或创作者可以按照“3B 原则”进行短视频创作，即 Beautiful（美景、美人）、Beast（宠物）、Baby（孩子）。比如，抖音中超火爆的高颜值红人的自拍、跳舞、唱歌类短视频，他们的短视频具有自己的独特风格；除了帅哥美女外，还可以将一些可爱的宠物作为主角，拍摄主人和宠物的生活；此外，也可以展示家中的萌娃，旅游的美景等。总之，美的东西一般都不会被人拒绝。

在创作之余，创作者也需要与自己的粉丝进行互动，并且去一些抖音大号下主动留言、点赞，争取获得与抖音大号合作的机会。如果一个拥有庞大粉丝数量的账号能为自己的某一短视频作品点赞，那么引流到该单一短视频的流量就会非常可观，极有可能被叠加算法认证为受欢迎的视频。

与基于去中心化分发机制的赛马算法一样，叠加算法将抖音进一步打造成为一个公平的、以优质内容为主要评判机制的公共平台。在这个平台上，任何用户或短视频创作者都拥有“出人头地”的机会。抖音，是一个能创造奇迹的地方。

5 “挖坟”算法：给优质老内容的新机会

抖音平台上有一种很新奇的现象，即一些短视频在发布之初并没有引起太大的反响，却在一段时间之后突然火爆起来。这种现象的“幕后黑手”其实就是抖音推荐算法中的“挖坟”算法机制。

在“挖坟”算法机制下，有些短视频在抖音平台发布之后，也许会有短暂的沉寂期，但这并不代表它被判处了“死刑”，也不代表它不会被更多的人欣赏。如果其制作内容足够优质，具有火爆的潜力，就很有可能成为被抖音“复活”的幸运儿。

也正是由于抖音的“挖坟”机制，当抖音短视频创作者精心拍摄的视频在抖音平台发布后，若短期内并没有得到平台用户足够多的反馈，千万不能灰心，一定要坚持通过既有渠道进行分享和推广。因为一旦你的某一短视频受到用户的欢迎，就有可能触发抖音算法的“挖坟”机制，将该短视频进行二次推荐，甚至会带动创作者账户下所有短视频作品的播放量。

但上述一切的前提，都需要建立在短视频创作者发布的视频内容能够让平台用户产生点赞、分享意愿的基础上，这就需要短视频的内容足够优质。因为，一个抖音短视频，无论是从默默无闻到火爆一时，还是由红遍全网到回归沉寂，都绕不开吸引用户关注的根本原因——内容。“内容为王”是所有短视频创作者已经达成的共识，一旦视频内容缺乏竞争力，追求即时快感的粉丝用户也会随着视频热度的衰减而流失。此时，就算短视频创作者拥有再强的营销能力，也无法避免被快速冷落的命运。因此，要想保持短视频的热度或者利用抖音“挖坟”算法的推荐机制快速“翻红”，就需要创作高质量的短视频内容。

比如，抖音中一直没有露脸的“黑脸 V”，在“颜值即正义”的当代，从未出镜的他依然受到了大批粉丝的喜爱，其根源就在于他的短视频内容足够出色。其发布的每一个短视频中都使用了不同的背景，呈现出不同的创意，例如，将一只气球变成猫的创意短视频，等等。由此可见，网红“露不露脸”并不重要，视频内容才是“王道”。

一个短视频想要获得抖音平台“挖坟”算法的二次推荐,“内容为王”是硬性条件。这也从侧面力促抖音平台上的短视频创作者致力于优质作品的创作。

在抖音“挖坟”算法机制的推动下，抖音平台上的创作者不管是从视频创作的原创性方面，还是视频创作的专业性及优质内容的持续输出方面，都会下足功夫。首先，对于抖音短视频的创作者而言，短视频内容的原创性是至关重要的，抄袭与剽窃永远不是正途。其次，特别优质的短视频内容往往都具有一定的专业性，其创作会立足于某个专业领域，充分展示创作者异于常人之处。比如，抖音中火爆一时的“M 哥”曾以翻唱《我的将军》这首歌在抖音中站稳脚跟，但这只是她走红的开端，之后她推出的一系列翻唱作品以及原唱曲目，才是她备受粉丝关注的根本原因。最后，短视频创作者一定要做到内容的持续输出。一两个爆款短视频不足以支撑一个抖音账号的长远发展，爆款的作用只限于打开一个抖音账号的知名度，想长时间维持账号热度，并使账号中以往发布的短视频获得抖音“挖坟”算法的二次推荐，就要做到短视频内容的持续更新和不断积累。

在抖音“挖坟”算法机制的促进下，抖音平台上的创作者对于短视频作品的内容定位会愈加精准。所以说，做好优质内容定位是创作高热度短视频的首要任务。这里所谓的内容定位，是指短视频创作者所发布的视频内容与个人的抖音账号定位要一致，以强化用户对该抖音账号创作者专业化的印象。但大多数创作者会陷入一个常见的误区，即在创作与抖音账号定位相符的短视频时，往往会发布涉及其他方面内容的短视频，致使整个账号的定位变得混乱。如此一来，即使其某条视频得到了平台用户的青睐，最终也会因为其账号下杂乱无章的视频分布而失去抖音“挖坟”算法推荐的机会。

另外，抖音“挖坟”算法机制还会促使创作者从视频内容的可看性、独特性和热点性三个方面不断创作优质作品。视频内容的可看性是指视频内容对于平台用户而言要具有可观看的价值，其内容能够在趣味感、新奇感、实用性等方面吸引人们的视线和关注。这就要求短视频创作者能够洞悉平台用户的心理，因为只有真正了解平台用户的兴趣和需求，创作者创作出来的短视频内容才能与他们产生共鸣，进而得到大量的点赞、评论、关注和转发。独特性，顾名思义就是要具有独特的个性。抖音账号打造一种专属于自己的风格，能够为自己的视频增添辨识度，让粉丝在诸多短视频中一眼就能够发现你的视频。所谓热点性，通俗来讲就是抓住热门话题。为了使短视频作品短时间内获得较多的点赞和转发，以求快速激发抖音“挖坟”算法机制，短视频创作者往往擅于找到当下最为热门的话题，并会恰到好处地把握其时效性。比如，《嘴巴嘟嘟》这首歌火爆之后，第一时间模仿的视频都获得了比较好的传播效果，而随着其热度的逐渐消退，继续跟进的短视频势必无法达到预期的效果。

容易被“挖坟”算法挖掘出来进行二次推荐的短视频，往往是兼具可看性、独特性和热点性的。譬如，在抖音平台上，广为流行的超热门短视频跟进模仿秀视频，要想获得抖音“挖坟”算法机制推荐，也需要添加自己的创意。比如，抖音中，“琪琪妈妈”和“双儿”对《嘴巴嘟嘟》这首歌的热点把控和个人独特性创意的融入就十分成熟。前者在孩子的嘴巴上画了一头驴，后者则选择与有特色的人对唱这首歌。同一个热点，两个版本从不同的角度切入，增添了更多的趣味性，他们在收获了一大批平台用户的喜爱和点赞的同时，也避免了自己的作品被淹没在千篇一律的简单模仿短视频中，更规避了被抖音算法当成重复内容作品直接关进不被推荐的“小黑屋”中的风险。

总之，抖音推荐算法的“挖坟”效应，在最大限度上鼓励和促使所有抖音创作者为自己设计长远的创作规划，稳扎稳打，潜心于有趣或有意义的内容创作，而不是在作品创作过程中急功近利、敷衍了事。在信息过剩的今天，“内容为王”是绝对的市场竞争优势。抖音这一算法规则，保证了抖音短视频的内容质量，使人们总能在抖音短视频中找到适合自己品位、契合自己兴趣的高质量视频内容，使抖音以最快的速度俘获抖音新用户的内心，极大地提高了抖音的新用户留存数量。

6 拉黑算法：规范内容发布，确保平台健康发展

对于所有的内容平台来说，建立一个完整且严谨的审核机制是立足之本，只有保证平台上所有内容的合法性、健康性才能获得长远的发展，才能深得用户的偏爱。

抖音所谓的拉黑算法，是指在抖音平台审核机制下，对一些不良视频进行低流量推荐或不推荐，甚至是屏蔽删除的一种算法机制。抖音短视频在发布之后，需要经过消重、审核、特征识别和推荐四道程序。其中审核程序包括机器审核和人工审核两种，由于抖音每天上传的视频数量极其庞大，机器审核具有先天的优势，但由于人工智能仅将以往的数据作为判断依据，并不能完全准确地判断视频是否存在违规内容，容易被一些投机取巧的人抓住审核漏洞。所以，抖音设立了人工审核以弥补利用人工智能来审核的一些疏漏，在人工智能预警之后，内容审核人员需要通过自身的经验判断视频是否违规。因此，双重审核机制就成了抖音筛选内容的最佳方式。

当一条短视频上传之后，抖音系统中的机器审核，会通过人工智能模型对该视频的画面和关键词进行检索。其一般主要针对两个方面：其一，判断视频内容中是否存在违规行为或敏感词汇，一旦发现不符合平台内容规范的视频，就会通过标注提醒人工审核注意；其二，系统自动提取视频中的关键帧与数据库中的视频进行对比，进行消重处理，重复

的视频将被进行低流量推荐。

经过机器审核，被定义为存在违规或疑似违规内容的视频作品，会推送给抖音内部审核人员进行更细致的审核。一旦确定视频内容存在违规，那审核人员就会根据相关规定对该视频账号做出降权、通告、封禁账号等处罚。

有时候一些抖音用户会发现自己的作品在发布一段时间之后遭到了删除和封禁处理，这是由抖音的二次审核机制导致的。第一次审核是在视频发布的过程中，短视频在审核结束之后才会被推荐给用户。初次审核的力度相对较小，可能会遗漏一些隐藏或隐晦的违规信息。当视频的播放量达到 1000 人次时，视频就会触发第二次审核，而这次的审核力度要远远大于第一次，很多视频在发布一段时间后遭到封禁和删除，其根源就在于视频中出现了违规内容。

一般而言，在拉黑算法机制下，内容涉及以下四个方面的短视频极易被限流或封禁。

（1）触及平台底线的内容和关键词。比如，淫秽色情、赌博迷信、恐怖暴力的内容、文字或画面；宣扬武力、杀戮、恶性事件的内容、文字或画面；违反公序良俗和社会价值的内容或画面（如吸烟、酗酒、虐待动物、嘲笑弱势群体、宣扬不正当男女关系等）；不文明的用语……凡是触及平台及社会公序良俗和法制底线的内容、画面及文字都会被抖音的拉黑算法机制果断封禁。

（2）刻意营销的内容。如果视频中某品牌标志、快递单、外卖订单等具有营销性质的物品，出镜的时间过长，就会被系统自动判定为营销内容。一般来说，短视频标题中出现违规词汇的可能性很低，但视频拍摄的场景和内容稍有不慎就可能被误判为营销。在视频中出现微信号、二维码、链接、地址、引导主页、评论查看联系方式等内容，也将被系统认定为账号发布广告过多，从而限制推荐数量。比如，视频中出现的一些“需要某优惠券的朋友请联系我，微信号在评论区”“喜欢同款商品的宝宝可联系主页微信”等关键词都被认定为刻意营销。

（3）搬运盗用的作品。“搬运”就是指未经他人允许将对方的内容上传到自己的账号中，包括：发布他人原创的抖音视频；无版权、无授权转载其他平台的内容；录屏电视或电影播放的内容未经任何处理直接上传；视频中出现抖音平台之外的水印和特性等元素（比如，一条搞笑题材的短视频中出现了“快手”“腾讯视频”“内涵段子”等多重水印）；等等。抖音的排重内容审核十分严谨，其会先将视频还原成一帧一帧的图片之后，再进行识别是否存在违规或盗用内容，其准确度能够达到99.5%。

（4）频繁自我推销的内容或文字。如果抖音创作者频繁私信粉丝用户发送微信号，或者在评论区下方刷屏留言微信号等，就很容易被抖音识别，从而为账号设限限流。

无规矩不成方圆。抖音平台的拉黑算法机制净化了平台的作品内容，最重要的是其使抖音的广大用户能够在平台上获得良好的视频观赏体验，避免因低劣的视频内容引起用户的不满或抵触情绪，最大化提升平台用户的留存率，降低卸载率。从一定意义上而言，拉黑算法的平台审核机制，是保证抖音健康发展和迅速崛起最基本但也是最为重要的技术手段。

第 四 章

对抗期

巨头之争，看抖音如何弯道超车

快手如日中天，微信、微博不服气，接连入局，微视重生……短视频领域战火不断升级。作为后来者的抖音，以黑马之姿，逆袭众多同类型的短视频产品，实现了弯道超车，并快速崛起为令腾讯、百度、微博等巨头“瑟瑟发抖”的“全民公敌”。

1 抖音 vs 微信：互联网的时间争夺战

2018 年 5 月 8 日，张一鸣在微信发了一条“celebrate small success”的朋友圈，庆祝抖音 App 2018 年第一季度苹果商店下载榜中位居第一。在这条朋友圈后面的评论中，张一鸣提到了微信的“封杀事件”，马化腾做出回应，两个人你一言我一语互不相让。

张一鸣提到的微信“封杀事件”是发生在 2018 年三四月的事。玩抖音比较早的小伙伴一定还记得，3 月 24 日晚上，自己分享到微信朋友圈的抖音链接被屏蔽了。第二天一早，腾讯就此给出的回应是，对链接进行了防刷屏设置，而并非屏蔽。

2018 年 5 月 18 日，是国际博物馆日，一大早，抖音的 H5 活动“第一届文物戏精大赛”就在微信朋友圈呈现刷屏的态势，但很快就打不开了，微信以诱导分享的理由屏蔽了该活动。

针对腾讯和抖音在短视频领域的短兵相接，36 氪在 2018 年 3 月的一篇报道中写道：“表面上，是腾讯怕影响朋友圈体验或公平竞争，背后却是一场社交短视频之战。”这场短视频之战背后的焦点，在于抖音崛起给腾讯带来的焦虑。

抖音所属的字节跳动和腾讯同属内容平台，不论游戏、短视频，还是公众号文章，归根结底抢占的都是用户的业余时间。《财经》杂志在相关分析文章中指出，2018 年今日头条日活跃用户数量占所有产品全量的

9%，相比 2017 年上升了 6.2%，同期腾讯系则由 54.4% 下降至 47.7%。也许 6% 的日活跃用户数量恰好是巧合，然而用户每天的时间确实是有限的，腾讯系被抢走的部分一定会在其他平台补上，双方没有互利合作，有的只是见血的“刺刀战”。

网上流传着一个词“双微一抖”（微信、微博、抖音），那抖音是否有能力撼动微信流量霸主的地位呢？

微信 CEO 张小龙将微信打造为一款集通信、理财、支付、小程序、生活为一体的强社交软件。据统计，微信用户数达 10 亿，基本坐实了全国霸主的位置，几乎所有产品经理都认为，没有微信很多事都无法完成，因为公众号、小程序、微信群等流量入口都在微信。

强社交的重点在于熟人社交，需要用户对平台有极高的信任度。同时，强社交尽管初期很困难，但一旦做大就会像微信一样成为用户黏性极大的平台，毕竟强社交吸引人的不只是产品的好用程度，更多的是周围朋友都在这里，你别无选择。

从 2011 年开始到 2020 年第一季度，微信月活跃用户数量已突破 12 亿。想想看，全国一共 14 亿人口，微信的月活跃数字堪称恐怖。曾经有多少企业试图通过制作新的社交软件取而代之，阿里巴巴、百度、网易都曾尝试过，然而全都铩羽而归。

抖音，或者今日头条主打的并非强社交，因为简单的短视频或直播完全不能将用户之间变为熟人，因而抖音一直主打弱社交，即陌生人的弱社交。从这一角度来看，抖音抢走的流量不是微信的，而是与其同类型的快手、腾讯微视乃至新浪微博的，是同类娱乐平台之间用户流量的转移，而承载用户亲朋好友同事之间交流的，自始至终只有微信。

真正令微信担心的是抖音在弱社交方面发力过猛，大有赶超之势。在弱社交领域，双方争夺的是内容入口。所谓内容入口，指的是用户以何种方式看到平台内容。微信依托朋友圈和微信群“分享 + 订阅”实现内容传播，抖音则采用“推荐算法 + 分享”与微信分庭抗礼。

微信主要产出的内容在朋友圈和公众号，由用户自主选择想要看的内容，平台不会主动推荐信息流给用户。同时，想要获取喜欢的内容渠道过少，只能通过其他公众号或朋友圈的引流，因而很难对用户产生很强的成瘾性。另外，刚开始创作的新人由于缺少发布渠道，成长曲线过于陡峭，不利于新作品的诞生。

抖音则正好相反，采用的推荐算法将内容“喂”到用户嘴边，这条不行还有下一条，同时通过一系列设计专门使用户“上瘾”，因而逐渐填满用户的业余时间；并且由于“赛马”算法的存在，任何新人都能获得一定量的曝光，这就给优质作品一个展示的机会，平台活力也远胜微信。

抖音从最初的“草根”用户到达人，再到 MCN、企业号入驻，现如今还扩充了直播和直播电商带货功能，涵盖范围越来越广。用户对抖音的依赖程度也与日俱增。相较于公众号写文章，短视频制作的门槛较低，因而能吸引更多的内容创作者加入，这也是微信最不愿意看到的一幕。内容创作者是一个平台生命力的源泉，如何留住内容创作者是微信和抖音都必须面对的难题。

尽管如今的字节跳动只有抖音这样的弱社交软件，但是当它的体量增大到一定程度时，必然会在更多的领域横向扩充，就像当年腾讯靠即时社交起家，如今早已将触角延伸到娱乐的方方面面一样。微信根基深厚，抖音势头凶猛，已然崛起，两家公司的矛盾无法调和，竞争还会持续下去。

2 抖音 vs 微视：到底差在哪里

在 2013 年 4G 网络刚刚面世之际，腾讯第一次推出微视，其对短视频领域的眼光不可谓不毒辣。微视成为当时国内短视频领域的第一个产品，日活跃用户数量一度达到 4500 万。后来，出于种种原因，微视没能走到最后，于 2017 年在腾讯入股快手之前，被腾讯战略抛弃。

抖音经过成长期的运营推广，开启了迅速崛起的模式。抖音发布的《2018 抖音大数据报告》显示，截至 2018 年 12 月，抖音日活跃用户数量突破 2.5 亿，月活跃用户数量突破 5 亿。在地域传播方面，抖音用户通过抖音这个平台去探索了“更大的世界”。在 2018 年，抖音国内用户全球打卡 2.6 亿次，足迹遍布全球 233 个国家和地区。

抖音的发展势头难免让各大公司眼红，或许是按捺不住对短视频领域这个风口的心动，或许是为了应对抖音咄咄逼人的进攻，消失已久的微视被腾讯复活。

在内容行业打遍中国无敌手，被誉为“互联网终结者”的腾讯，对“复活”后的微视寄予厚望。作为腾讯的旗下产品，微视有绝对性的优势。比如，对于重启的微视，腾讯不仅花 30 亿元为其补贴短视频创作者，并且请明星为之代言。另外，同在腾讯旗下的微信这一超级体量的社交巨无霸对微视的支持力度也是不可估量的。微信可以在朋友圈对抖音加以限制，但对微视却是倾力相助。譬如，微视的用户可以在微信朋友圈发布更长篇幅的视频等，力求以微信朋友圈为流量入口，将微信巨量的用户群体引入微视平台。除了作为流量巨头之一的微信，还有拥有8亿用户且以年轻人为主的QQ也对微视进行了大力扶持。譬如，微视用户的作品在发布时可同步到QQ空间，而QQ空间上“小视频”的标签栏，也已经成了微视内容新的分发场地。

无论是巨大资金的投入，还是旗下相关产品的引流，或是腾讯管理层对其无比的重视。总而言之，腾讯对“复活”后的微视在各个方面都给予了大力支持。纵然如此，在微视与后来者抖音的对抗中，微视还是显得力不从心。

抖音为何能在激战中击败拥有腾讯以及腾讯系强大产品作为坚实靠山的微视？我们可以从以下几个角度进行分析。

1. 市场定位

抖音自始至终都很明确自身产品的定位，即“音乐短视频社区”，主打的是年轻、有趣、个性和创意。

在内容方面，抖音将音乐和舞蹈作为基本内容组成方式，因为音乐和舞蹈可以放大人的情感，与观众产生更多的共鸣。同时，为了迎合年轻人群体，抖音在滤镜和特效上下了很大功夫，使用户能够制作出更好看和更有趣的内容。

在运营方面，抖音团队始终将短视频内容控制在年轻人喜爱的范畴之内，尽管为此会抛弃很多内容优秀但方向背道而驰的作品也在所不惜。抖音曾有过短暂快手化的危机，然而团队始终保证将较高的流量分配给符合平台自身定位的短视频作品，从而一直给人一种年轻炫酷的感觉。

同时，产品诞生初期抖音团队就曾前往国内各大艺术类高校挖掘俊男靓女，吸引他们来抖音作为第一批种子用户，这些人颜值和素质普遍较高，他们的作品很容易受年轻人喜爱，这样在一开始就为平台打下了“年轻”的基调。

相反，微视一直无法解决自身定位模糊的问题。第一次面世时，微视模仿的是国外一时间爆火的Vine，将口号定为“8秒无限欢乐”。与后来的小咖秀、抖音如出一辙，试图将产品打造成为更加浓缩版的短视频。然而由于时间过短，用户创作难度过大，一度导致新内容太少。结果是微视“虽然起了个大早，却赶了个晚集”，没有在市场上引发出太大动静。

2. 创新力

微视“复活”后，无论是界面设计还是拍摄方式都和抖音大同小异。很多玩法也停留在模仿抖音的阶段，比如手指舞、对嘴型等。这大概是微视被曝抄袭的一大原因。反观抖音，各种新奇的创意玩法非常多，这也是它能在年轻群体中火起来的主要原因。微视无法推出更多创意玩法，自然也无法将抖音的用户抢夺过来。当然，即便是专业的内容生产者，也会有创意枯竭的情况。针对此，抖音设身处地不断为内容创作者预设出新的玩法与挑战，相当于提供了创新思路，只需要在基础玩法上做一些微创新即可。这就大大降低了创新的难度，抖音为此培养了一批较为稳固的铁粉群体。微视在这方面则几乎是空白，吸引用户靠的还是最原始的补贴方式，没能形成独立运转的生态体系。

3. 内容

内容是短视频发展的根本。抖音初期经历的长达半年的产品打磨期，为的就是让用户能创作出最吸引人的作品，同时让用户在刷抖音时最大限度地被推送的内容吸引。

为此，抖音最先引入了大量专业团队进行内容创作，为大众展示最具魅力的短视频作品。抖音还上线了自创的滤镜、特效、贴纸等功能，让大众一下子就能将抖音和快手区分开来，实现了自己独特的内容风格。

随着用户增多，抖音不再通过专业团队带动用户审美，而是由用户自发地创作大量题材新颖的内容，平台的活力得以体现，平台实现了良性循环。

反观微视，尽管一开始也邀请了优秀创作者进行创作引导，但其题材多以影视作品的剪辑、明星内容的互动为主。这些内容尽管看上去炫酷刺激，但拍摄难度偏大，用户很难自我创作，因而无法实现专业团队向用户自发创作的转换，以致创作者的规模始终无法壮大。

4. 社区文化

我们在观看抖音时会发现，精彩的内容不仅仅在于创作者的作品本身，评论区的众多用户评论也大放异彩，这是抖音良好社区文化氛围的体现。这得益于抖音精确的定位及合格的社区化管理。精确的定位能够使具有相同价值观的人群聚在一起，极少发生观念上的冲突，自然越发和谐。同时，抖音一直重视社区文化的培养，隔三岔五的挑战模式、文化活动等线上活动也增加了用户之间的联系。

微视的社区则一直不温不火，大家看完视频后也很少留言，或者因为矛盾分歧而发生争吵。

根据腾讯公布的数据，截至2019年6月，微视日活跃用户数量是750万。腾讯COO、PCG负责人任宇昕透露了2020年微视的新目标，“希望明年微视达到5000万DAU”。照此目标设定，微视即便2020年目标顺利达成，和抖音最新公布的6亿日均活跃用户数量相比，也是小巫见大巫。

在短视频赛道，腾讯微视与抖音的确存在很大的差距，但是腾讯并没有放弃微视的想法。任宇昕曾多次表示，微视要一直做下去，而且要做得更好。

胜出必有所长，想要半路突围自然更需优势。在风云变幻的互联网世界中，固然没有什么不可能，但竞争会更加残酷，容不得掺假，更容不得懈怠。如今，胜负未决，未来还长，在抖音崛起的道路上，让我们拭目以待。

3 抖音 vs 新浪微博：争夺年轻人的娱乐第一现场

2018 年 3 月 10 日晚，抖音用户反映在新浪微博上转发的抖音视频被强制设为仅自己可见，新浪微博对抖音的“封杀”正式开启。

“封杀”在互联网产品的竞争中似乎属于常见的手段，例如，微信曾经对抖音的“封杀”。当双方在竞争中感受到对方巨大的威胁时常常会使用“封杀”来阻止对方获取自己的平台流量，这是一种自我防卫手段。由此可见，新浪微博已然将抖音看作自己最大的竞争对手。

不过，这似乎并不是新浪微博对抖音的第一次“阻击”。早在 2017 年 3 月，新浪微博通过和一下科技结合，推出专注于音乐短视频的晃咖。一下科技推出的小咖秀作为国内最早的短视频领跑者之一，一度将晃咖内置。这次新浪微博将晃咖独立出来，并且登上新浪微博最显眼的位置，同时邀请大量明星代言，看得出这是新浪微博试图“阻击”抖音的手段之一。然而晃咖上线半年就再次并入小咖秀，象征着此次“阻击”的失败。

接下来的新浪微博采用“微博故事”[①] 对抖音进行“二次阻击”，由于新加入了音乐拍摄功能，使（用户）个人故事可以以拍摄的方式展现。同时，新浪微博还经常发起如“甩肉舞”“中国很赞”“假唱实力派”等

① 微博故事，是微博当时开发的一项全新功能，它能快速记录并分享微博用户生活中的每一刻，主打 15 秒短视频分享和照片分享。

挑战，而抖音恰好也是靠着诸如此类各式各样的自拍挑战发家的。后来，新浪微博的“微博故事”反响平平，而抖音却发展得如火如荼。

在移动端，有报道显示，2018 年 2 月，抖音实现周活跃用户数对新浪微博的反超，曾经的新浪微博周活跃用户数一度超过抖音两倍以上。最让人唏嘘的是，其实移动端一直是新浪微博的主战场，有超过 90% 的用户在移动端使用新浪微博。

抖音在用户推广上一直舍得花钱，除了通过不断拍摄广告，登上各大节目外，还非常善于抓住重大时间点做活动吸引用户，“十一黄金周”、春节等重要节假日都能见到抖音的各式挑战活动，因而用户量增长得很快。同时依托强大的推荐算法，抖音更能满足用户的心理期待，具有更强的吸引力。

反观新浪微博，尽管在推广期大做文章，但自从稳坐娱乐类 App 头把交椅后，曝光度显然下降不少，并且由于本身属于文字型信息流，无法和短视频的直观和简单程度相媲美，吸引力大不如前。

在用户留存率上，抖音相较于新浪微博也不落下风，一度保持 30% 的留存率。新浪微博投资的秒拍等短视频产品则一直不温不火，完全无法和抖音竞争。

留存率需要大量用户作品作为基石，而如何鼓励用户进行创作，是抖音的强项。无数创作者表示，在新浪微博上只要不砸钱，就基本没有可能爆火，因为新浪微博在竞价排名机制下完全按照金钱的投入来划分作品曝光度，高质量的小微创作者无法得到应有的曝光度，自然不愿意产出新作品。

相反，抖音对创作者的扶持力度可谓空前，不论名气大小，抖音官方都能保证任何作品都会获得一定量的曝光度，“草根”翻身成网红不再是梦。对底层创作者的尊重促成了抖音良好的社区文化氛围，因而能够保持较高的用户留存率。

不同于微信，在用户画像上，抖音和新浪微博几乎完全一致，面向的都是城市年轻人群体，每个抖音用户基本上都曾经是新浪微博的使用者。在对移动互联网的中坚力量——年轻人群体的争夺中，抖音已经超过了新浪微博，这也是新浪微博恐慌的主要原因。

新浪微博在短视频领域也曾做过努力，邀请 MCN 和内容创作者入驻。但受限于内容分发方式的落后以及抖音更大力度的引援，新浪微博在短视频方面一直力不从心。抖音通过良好的算法吸引创作者，而优质作品又能吸引广告商与合作公司，牢牢拴住大量用户的同时带来了丰富的变现手段。

近年来，新浪微博一直强调走商业路线，可大量的商家和广告主都已被抖音吸走，新浪微博的商业变现方式只剩热点新闻的竞价排行尚有一战之力，但收入也逐年走低，动摇了根本的新浪微博只能选择对抖音进行全面“封杀”等方式自保。然而这毕竟不是长久之计，因为只有改善自家平台模式才是吸引用户和商家的根本。

抖音和新浪微博同属主打弱社交的娱乐内容平台，定位十分接近，因而发生激烈的冲突在所难免。目前，抖音凭借优秀的运营模式拔得头筹，已成崛起之势。未来，还要看新浪微博是否能改变战略，挽回丢失的用户。

4 抖音 vs 快手：短视频领域两大巨头的对抗

当前，在短视频领域，国内最火的两个 App 非快手和抖音莫属。互联网江湖上一直流传着“南抖音北快手”的话。其实这两家公司都在北京，根本没有出生于南北的地域差异。那么为何会有此说法？

通常情况下，“南某某北某某”的叫法，包含“势均力敌”之意。“南抖音北快手”的说法是从 2017 年夏天开始流行的，彼时，无论从体量还是日活跃用户数量上看，快手的数据是抖音的近 30 倍。也许在抖音尚且年幼的时候，就已经有人看到了它未来崛起的势头。事实也是如此，2018 年被称为“抖音反杀快手的一年”，在这之前快手稳居“短视频一哥”的位置，日活跃用户数量达 1.2 亿，而抖音当时的日活跃用户数量仅仅只有 1800 万。然而随着抖音进入推广发力期，通过春晚、《中国有嘻哈》等极具传播效应的节目，2019 年 7 月，抖音的日活跃用户数量超过 3.2 亿，与此同时，快手公布的日活跃用户数量为 2 亿。

伴随着抖音的迅速崛起，与抖音和快手相关的话题也陡然飙升，如“抖音能打败快手吗”等。想必，“南抖音北快手”这一说法的流传，从某种意义上讲，是人们对抖音赶上快手，和昔日老大平起平坐的一种认可。

但一山不容二虎，抖音和快手作为短视频领域的佼佼者，双方虽然背靠不同的用户群体，却都有着“一统天下”的执着。抖音不再以年轻人作为噱头转而将 slogan（口号、广告语）改为“记录美好生活”，决心进军平民领域；快手邀请明星助阵打造精品内容，誓要夺下抖音的市场，双方交战日趋白热化。

暂时领先的抖音未敢有丝毫放松，继续在广告、产品、运营等方面持续发力；快手则背靠腾讯，打造更为年轻化，用户范围更广的新快手。投资领域，曾经快手试图收购国外知名短视频软件 Musical.ly，然而最后却被抖音拿到机会完成收购，这奠定了抖音走向国际市场的第一步。但在对知乎的收购上，快手则携百度共同领跑 F 轮融资，让一直为此努力的抖音吃了闭门羹。双方你来我往，都想获取更多的利益和用户。

仔细分析抖音和快手的产品，尽管同属短视频领域，但二者的发家方式和产品类型却大相径庭。

快手 CEO 宿华是典型的理工科思维，踏实做好产品是他的第一目标。因而快手一直以用户为本，官方很少参与用户流量的分配。宿华在采访中曾说，他希望用户在意的是快手平台上自然产生的内容，而不是这个平台去支持什么、推动什么。据统计，快手只有 30% 的流量被分给了网红“大 V”，剩下的都平均分配给每个作品。

在人们的印象中，快手似乎是一个“并不太新潮”的产品，然而宿华则认为，让中国各个阶层的人都能展现自己的生活是他做快手的原动力。因而快手的用户群大多集中在我国三四线城市以及大部分乡镇地区，这些地方和国内一二线大城市的繁华形成鲜明对比，但这里的人同样有着不一样精彩的人生。

抖音张一鸣则是一个结果导向的人，抖音从一开始就瞄准了那些有消费能力，同时乐于尝试新鲜事物的大城市年轻人。

另外，抖音的推荐算法会层层筛选用户感兴趣的内容，从而最终形成流量巨头作品，打造爆款网红；同时不断挖掘过去可能的优质内容，不漏过任何一个爆火的机会。因而抖音达人获得的流量远远大于快手达人。

双方辅助功能也有不同的优势方向。快手擅长直播，据统计，2019年快手直播收入达300亿元，占其总收入的60%。抖音则擅长各类活动及广告引流，仔细观察就会发现，任何大型节目都少不了抖音的身影，在节目里它总有全新的玩法。

双方在激烈的竞争中不光继续打磨自己的优势方向，同时仍在补齐自身短板。

抖音在直播方面加大投入力度。据知情人士透露，新冠肺炎疫情期间，抖音对医疗类达人的直播间流量扶持力度巨大，并且抖音方面还会继续加大力度力推医疗直播。同时继续下沉，试图进入三四线城市，将用户规模进一步扩大。

快手则在提高自身品牌形象方面大做文章，打造精品短视频，邀请明星达人助阵。这使快手在一二线城市的用户数量呈明显增长趋势。

尽管有无数的竞争者试图上位，但抖音和快手始终是对方最强大的对手。也许未来几年双方仍无法分出胜负，但激烈的竞争也会促使双方打造更适合用户的产品。

第五章

壮大期

抖音出海，全球扩张

抖音在中国爆红后，张一鸣并不局限在国内发展，他的野心是全球市场。抖音在海外化身为 TikTok，于 2017 年 5 月 12 日在谷歌商店上线，正式跨出国门。然后，TikTok 迅速“抖”遍 150 多个国家和地区，成为全球 App 界的网红。

1 收购合并：收购 Musical.ly，10 亿美元给抖音换个“马甲”

2017 年，字节跳动推出海外版抖音 TikTok，并斥 10 亿美元的巨资收购了当时深受欧美青少年用户喜爱的音乐短视频社区应用 Musical.ly，为 TikTok 立足于海外打下了基础。

Musical.ly 是 2014 年上架的，其以“对口型”等创新玩法风靡欧美地区。相关资料显示，Musical.ly 用户中低于 21 岁的年轻人占全部用户的 90%，全球的月活跃用户数量超过 7000 万，而日活跃用户数量接近 2000 万，仅北美地区，Musical.ly 的日活跃用户数量就高达 600 万。Musical.ly 在兵不血刃的情况下，占据了美国 App 商店下载榜的榜首。

Musical.ly 拥有的庞大用户群体并非字节跳动谋取它的最大价值，字节跳动看上的是它能够作为自己迈向国际的跳板。Musical.ly 的团队对海外市场有着敏锐的嗅觉和成熟的运行机制，这能够为 TikTok 提供最大的帮助。

多年以来，中国的互联网企业纷纷尝试出海，但均以失败告终。比如，国内互联网社交巨头微信曾邀请足球明星梅西做全球代言人，为其进军国际制造声势，但固有的产品模式和推广方法，并没有让其真正融入全球文化，而最终“折戟”海外。就美国市场而言，根据美国知名数据统计公司 Statista 公布的“2019 年全美国最受欢迎社交应用 App

排行榜”，微信不仅没有进入前十，而且其在美国的用户使用率仅有0.79%。这样的用户占有率，与其在国内相比，简直是天壤之别。

字节跳动在收购 Musical.ly 公司后，清楚地意识到中国的互联网文化并不适用于海外市场，于是它将抖音的 AI 数据流与 Musical.ly 的产品创新结合在一起，用以适应海外主流用户的喜好，为 TikTok 的成功出海保驾护航。

在整合后的一年内，TikTok 逐渐成为日本、印度、越南等地最受欢迎的短视频软件。截至 2018 年，国际应用商店数据显示，TikTok 在 App Store 的全球下载量为 4580 万次，远超 Facebook、Instagram、YouTube 等 iOS 应用。在安卓平台上，TikTok 也长期保持在 Google Play 的前几名（见图 5-1）。

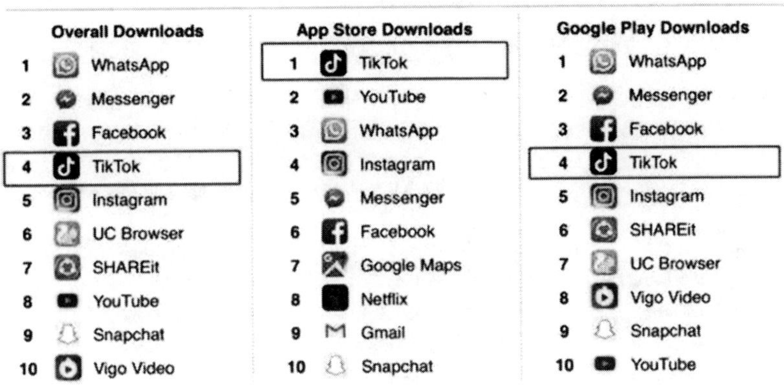

图 5-1 2018 年全球非游戏类应用下载榜

注：Google Play 预下载不计入统计范围。

在日本，TikTok 已然成为当地的潮流 App，每十个互联网用户中就有一个在使用 TikTok。甚至日本电视台特意在某款节目中展示了 TikTok 的玩法并解释了其流行的原因。

TikTok 能够在短时间内风靡全球，以算法推荐为内容组织核心的模式功不可没。相较于其他社交媒体，TikTok 在表现形式上并没有突出的方面，依然以关注、点赞、评论、话题等为主体，但 TikTok 绕开了传统媒体“好友动态”的既定模式，所推荐的内容大多与用户毫不相干，你可以选择观看自己喜欢的内容，或者滑走不喜欢的内容。基于算法推荐的存在，用户的每一次滑动、点赞、关注等都会对之后的推荐内容产生影响。

安德森·霍洛维兹的风险投资合伙人陈宝珠对 TikTok 发表了自己的看法。她认为，对海外而言，以 AI 技术为基础的精准信息投放模式属于开创性技术，TikTok 能够利用 AI 算法做到将信息流发送给用户，这是其在面对 Facebook、Netflix、Spotify 和 YouTube 时的独特优势。

新冠肺炎疫情肆虐的 2020 年，TikTok 的下载量更是斩获全球第一（见图 5-2），总用户数超过 10 亿，下载量超过 20 亿次。据 Sensor Tower 统计，2020 年第一季度，TikTok 下载量超过 3.15 亿次，高于全球任何一款应用。全球发行量最大的时政杂志之一英国《经济学人》称，字节跳动成为除苹果外，唯一在中国和西方国家用户数量均超过 1 亿的科技公司。

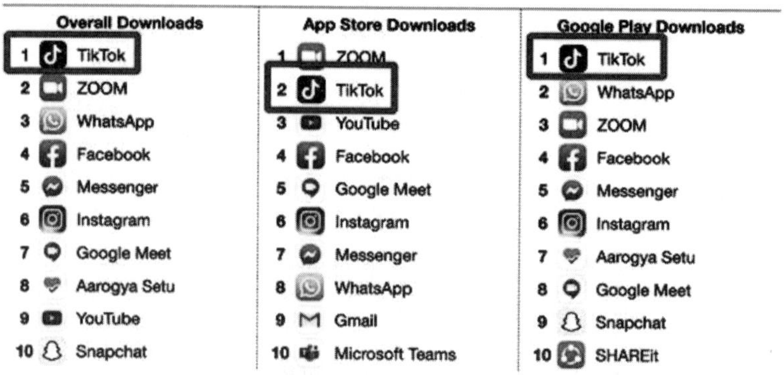

图 5-2　2020 年全球非游戏类应用下载榜

注：Google Play 预下载不计入统计范围。

2 人才战略：全球招聘有多元化国际背景的人才

自 20 世纪 90 年代起，以信息技术革命为中心的高新技术迅猛发展，全球数字化趋势越来越明显。各大企业纷纷布局海外，人才需求也随之扩大，国际化人才毫无疑问地成为“第一资源”。

2018 年，在字节跳动成立 6 周年的年会上，创始人张一鸣发表了“Hello World”主题演讲，将“全球化”定义为字节跳动 2018 年的年度关键词。随着抖音等产品相继出海，字节跳动关于国际化岗位的需求也随之增多，大批海外人才慕名而来。对于负责全球业务的人才招聘，字节跳动基本上选择“就地取才”，招聘当地的互联网人才。

日籍员工池田真理是一个中日混血姑娘，父亲是日本东京人，母亲是北京人。她曾在北京度过了短暂的童年时光，之后前往日本和美国两地求学。正因为这种不一般的生活经历，池田真理更能适应全球化背景下的文化碰撞，对于中日两国存在的文化差异也更为熟稔。

在任职国际化产品经理期间，池田真理主要负责 Buzz Video 的产品线，以日本区原创内容增长、制定内容运营方案以及平台功能优化等内容为工作核心。TopBuzz 和 Buzz Video 的上线，标志着字节跳动全球化进程的开启，而在 2016 年入职的池田真理，也见证了字节跳动从无到有的探索。从图文内容的争取，到向短视频的转型，池田真理进行了很多尝试和摸索。

字节跳动给池田真理的最深印象是一次独特的经历。当时，部门正在与日本一家媒体机构洽谈合作项目，由于部门缺乏精通日语的商务代表，池田真理第一次以实习生的身份跟随资深员工参与谈判。这种不拘小节的做法着实让池田真理感到惊讶，因为在日本，这种随意跨越等级的事情是绝对不会发生的。

字节跳动所覆盖的国家和地区不断增加，意味着用户的特征逐渐丰富多元。字节跳动在人才战略上也要变得更加丰富和包容。为此，字节跳动在企业文化中增加了“多元兼容”的人才观念，理解和尊重人与人之间的差异，重视这种多元的可贵，有意识地接纳具有不同背景的人，打造多元化的人才团队，用以超越企业固有的视角和思维模式。

来自俄罗斯的达米尔·卡西莫夫拥有物理学（俄罗斯）学士学位和材料科学与工程（中国）硕士学位两个学位，他的加入无疑强化了所有人对字节跳动海纳百川的印象。

在加入字节跳动之初，达米尔·卡西莫夫主要负责内容的筛选与维护、相关数据的收集与分析，以及基本的翻译工作等。在他看来，TopBuzz、TikTok、Musical.ly 等字节跳动旗下的产品就像是一扇窗户，让更多人改变了对中国的刻板印象。

早在开启国际化布局之初，字节跳动吸纳国际性人才的脚步就已经开始。字节跳动不仅主动吸纳具有多元化背景的年轻人，在企业高管的招聘上，字节跳动更是从不手软，先后招募了来自 Facebook、YouTube、微软、华纳音乐等诸多高级人才。

比如，曾在 YouTube 工作 7 年，担任全球创意总监的 Vanessa Pappas，加入字节跳动，担任战略顾问，并在后续负责海外版抖音的北美和澳洲市场；华纳音乐集团前高管 Ole Obermann 加入字节跳动，出任音乐总监，他拥有 20 多年的数字化技术经验，曾在索尼音乐任职 10 年；曾为微软工作 20 多年的微软前首席知识产权顾问 Erich Anderse，出任字节跳动法务副总裁，熟悉音乐版权事务的他将在 TikTok 打造音乐产品的过程中发挥关键作用。

这表示，抖音海外人才的招募方式并不局限于本土招聘，更多是来自全球招聘，运用大量跨文化、跨背景，同时熟悉当地文化的综合人才去开拓新的国家市场。比如，招聘一些拥有在不同国家留学或工作经历，并对当地市场熟悉的人才。相关数据显示，在任意一个人口密集的城市包括洛杉矶、纽约、伦敦、巴黎等，都能够搜索到抖音的招聘信息。另外，在张一鸣的人才理念中，他并不在意员工之前是做什么的，在意的是其进入公司之后能带来什么。这也促使抖音海外运营团队经常会招聘一些在中国留学的外国学生，从实习阶段就进入公司。

在海外建立熟悉当地业务的本土化团队，是字节跳动实现海外扩张的关键步骤。凯文·梅耶的入职，是字节跳动人才招聘的标志性事件。他曾是迪士尼的一员大将，被所有人视为迪士尼 CEO 职位的候选人。凯文上任之初，就开始展现自己的才华，通过推动音乐及游戏业务为字节跳动带来了更多商业化表现。

2020 年 3 月，字节跳动成立 8 周年，张一鸣在公司的内部信上宣布出任全球 CEO，领导全球战略发展，并将更多的精力投入在完善字节跳动全球管理团队上。

在新冠肺炎疫情肆虐，全球经济衰退，失业率不断攀升的情况下，字节跳动的营收快速增长，而在全球招聘人才的脚步也在不断加速。2020 年，字节跳动当时的年度计划是在全球创造 4 万个新工作岗位，希望全球员工总数扩大至 10 万人，与阿里巴巴的员工人数基本保持一致。至今，字节跳动在国内外的人才招聘工作仍在大规模开展。

伴随着人才的海量布局，以及全球高级人才的加入，字节跳动也被注入更多能量，其全球化进程必将得到进一步发展。母公司字节跳动的全球化发展战略及其全球化人才战略，持续并强力地推动着抖音在全球的壮大与发展。

3 精准定位：用户优势让抖音风靡东南亚

2018 年，抖音的海外版 TikTok 登陆东南亚，在多个国家刮起了“抖音风潮”。在众多东南亚国家中，TikTok 的下载量率先在泰国 App Store 登顶，随后拿下了越南 Google Play 视频播放量第一，一路高歌猛进，席卷菲律宾、印度尼西亚、马来西亚等国家，迅速火遍整个东南亚。

TikTok 逐渐成为泰国、日本等多个国家的主流短视频软件，吸引了大量的当地明星和网红使用。比如，泰国知名钢琴家和歌手 Saksit Vejsupaporn、新生代演员 Pattie 以及排球运动员 Pleumjit 和 Hattaya 等都纷纷注册了 TikTok 账号，拍摄并发布了大量热门短视频。日本的综艺红人龙切尔、流行歌手彭薇薇在 TikTok 上拥有超过 10 万的粉丝数量，所拍摄的短视频的点赞量也均超过 1 万次。

为何 TikTok 能够在短短 400 天火遍整个东南亚？这与抖音精准的战略定位和科学的市场分析是分不开的。

抖音在国内获得成功后，有三种战略供其选择：垂直化整合产业链战略、产品矩阵战略和国际化拓展战略。

对于互联网行业而言，垂直化整合产业链战略相对乏力，因为抖音没有可以进行整合的上下游产业资源。如果从长远角度来看，抖音向下整合网红公司，通过当地的网红进行宣传和引流，确实是一个不错的选择。但是，网红公司带来的成效并不能“旱涝保收”，也就无法在国际化平台扩张的大棋盘上获取太好的效果。

产品矩阵战略是抖音在国内得以快速成长的重要决策。它借助“今日头条”优秀的推荐算法、强大的产品运营能力以及流量获取和变现的经验，大获成功。在国际化舞台上，抖音依然可以凭借自身的实力去增加产品矩阵，如音乐推荐。但是，音乐产品存在对版权的需求，而大量购买音乐版权资源虽会加大对海外资本的投入，却不能对构筑核心竞争力带来明显的成效。

相较于前两者，国际化拓展战略对抖音走向海外提供的帮助更为显著。因为抖音只需要找到一个具有用户需求的市场和一个具有当地执行能力的团队，就能够使抖音将自身的优势发挥出来，进而占领整个当地市场。字节跳动花费 10 亿美元收购短视频产品 Musical.ly，无疑是帮助抖音敲开国际大门的最优选择。

同时，东南亚目前的用户市场年龄结构也为抖音的火爆提供了很大的便利。从上线之初，抖音的目标用户群体定位就十分明确，那就是年轻人。之前的资料显示，抖音的主体用户大多在 24 岁以下，基本上都是“90 后”“00 后”的年轻人。东南亚的用户市场年龄结构也相对年轻，18 岁到 24 岁的人口数量接近 30%，远超国内用户市场中同年龄段人口数量比例。这就代表着东南亚用户与抖音的目标用户具有较高的匹配度，抖音在国内积累的运营和算法能力也能够更好地适用于东南亚市场。

另外，相较于国内，东南亚年轻人的个人表现欲更为强烈，而互联网社交媒体又是年轻人表现自己的主要渠道。大量的年轻人每天都会在各种社交媒体上发布自己拍摄的照片和视频，也会花费更多的时间在社交媒体上，这为 TikTok 在东南亚的快速成长提供了很大的发展和成长空间。“尬舞机”、实时染发、AR 贴纸等依托字节跳动的强大技术支持，使 TikTok 为东南亚年轻用户群体提供了更好、更全面的趣味特效功能，对于喜欢表现自我，追求时代潮流的年轻人来讲，TikTok 无疑是最好的选择。

不仅仅用户市场年龄结构与抖音的目标群体高度契合，东南亚短视频应用市场在竞争方面也较国内宽松。在东南亚的短视频应用市场中并没有值得 TikTok 一战的竞争对手。快手虽然先一步进军东南亚市场，但市场占领效果并不理想。相关数据显示，快手的海外版 Kwai 在东南亚的应用商店中下载量排名在 400 名以下，仅仅在越南的 Google Play 中进入了前 100 名。与此同时，Lite 版 Kwai Go 也没有取得很好的成绩。一家独大的 TikTok 更容易得到东南亚用户群体的关注和青睐。

除此之外，东南亚市场已经具备成熟的网红生态链，这也是促进 TikTok 火爆的原因之一。早在多年以前，东南亚就存在以 Instagram 为媒介的“网红经济”，很多商家在 Instagram 发布自己的产品，买卖双方确认之后，才会进行线下交易。东南亚的网红生态的发展，也为 TikTok 等短视频产品进军海外提供了便利条件。

抖音自身的品牌和价值定位，目标用户的精准选择，以及东南亚地区对中国文化的接受程度，都意味着抖音更容易受到东南亚市场的欢迎。

4 本土化：努力融入当地文化，在日本大受欢迎

对于一款全球化的 App 而言，攻克日本用户市场具有重要意义。这不仅仅是因为日本用户对于产品的要求极为苛刻，更重要的是日本具有旗帜鲜明的文化。尤其是作为中国企业，想要在日本打开局面更是难上加难，特别是一些涉及文化形态的产品，都会被日本人戴着有色眼镜去看待，很难进行运营和普及。

据传闻，国内一家顶级互联网搜索引擎公司曾在开拓日本市场时，被日方认为缺乏谦和的态度，而遭到日本互联网公司和媒体的反感，最终失去合作的机会，无法在日本互联网领域大展拳脚；我国另外一家电信与互联网领域的国际品牌在进军日本之初，也因过分强调“中国企业”的标签，同样被日本市场拒绝，即使长期亏损也没能很好地拓展其在日本的市场份额。

日本市场看重熟人关系和长期合作建立的信誉，一般不愿接纳陌生的“来客”。这种封闭的商业环境被外界戏称为“加拉帕戈斯综合征”，这在互联网行业中尤为明显。但在 2011 年，日本市场率先被韩国 NHN 集团攻破，有“日本版微信”之称的 LINE 在日本快速普及，截至目前已经成为日本用户最多的应用程序。

LINE 的成功得益于时机和运营两方面的决策。时机方面，LINE 在日本智能手机开始普及时推出，生逢其时，因为日本当时的 Skype 和

MSN Messenger 等通信软件均存在致命缺陷，无法在手机上使用；运营方面，LINE 做到了软件本土化，强调日本公司的独立，撇开了韩国的母公司。这一成功的商业案例为抖音开拓日本市场提供了学习和借鉴的重要经验——本土化。

抖音的日本运营团队在建立之初，所招募的成员要求精通日语，并了解日本文化，最好拥有在日本居住的经历。这项要求不仅针对驻日本的运营团队，北京的支撑运营团队也被囊括在内。当抖音在日本积累了一定的用户量后，大部分团队成员逐渐被替换成日本当地人，进一步趋近日本本土化。在运营团队中，最具代表性的就是抖音在日本的负责人，他是一位曾在数家上市公司担任开辟日本商场团队的成员，是一个熟知日本商业标准和文化的人。

同时，北京总部给予了日本运营团队极高的权限，以确保抖音在日本的运营更加顺畅。比如，日本运营团队所提交的广告方案即使超出预算很多，但在充分沟通之后，北京总部一般也会快速通过。这种情况在其他国际化公司中是很难想象的。

在内容运营方面，抖音团队更倾向于一些融入本土文化的玩法。比如，日本用户在心理上习惯性抱团，这就要求抖音需要设置多人同时参与的活动来吸引用户。于是，抖音开始在挑战玩法中添加了一些适合集体参与的挑战，在消除用户抵触心理的同时，吸引了大量日本用户参与。

一些在中国火爆的舞蹈或音乐，复制到日本时，往往也需要结合日本本土文化进行调整。日本人一般较为矜持和腼腆，自己不会主动拍摄视频，而抖音团队就推广了一些较为简单的舞蹈动作，方便所有家庭成员一起参与。

比如，一位日本年轻人穿着中国清代大臣的服饰，创作了一款关于“少林梦”的视频，即使不懂歌词的含义，也不妨碍他跟着节奏完成这段搞笑的表情手势舞（见图 5-3）。

图 5-3　日本年轻人创作的“少林梦”抖音短视频

这些迎合日本当地文化的运营方式固然有效，但更关键的是如何让抖音获得日本文化和文娱生态的认同，让更多的人了解和喜欢抖音。为此，抖音日本运营团队从电视台入手，实际上日本的电视台一般不接受软性广告的植入，但在抖音团队的多次拜访下，通过介绍抖音中风趣的内容，最终促成了多家日本主流电视台对抖音的报道。

通过明星进行引流，提高抖音的曝光率的决策同样受到了日本文化的限制。在日本，演员事务所极为保守，一般不愿自己旗下的艺人在线上进行曝光。针对此，抖音日本团队往往会采用说服上述电视台的同样方法，对目标事务所进行多次拜访，持续沟通，直至对方认为自己十分谦逊，很有诚意，最终给予双方合作的机会。也正是凭借这种方法，抖音与石原里美所属的日本第二大演员事务所——HORIPRO 事务所达成了合作。

越来越多的日本明星开始入驻抖音，知名演员木下优树菜在 Twitter 上拥有近 400 万的粉丝，她的入驻，不仅给抖音带来了大量的用户和粉丝，还为大多数艺人做出了表率。与此同时，明星效应也为抖音带来了大量的年轻种子用户，通过裂变又迅速在日本校园中扩散。

总体而言，如果将张一鸣的决策看作用同一个杯子，盛满不同的饮料，那么抖音日本运营团队的本土化策略，就是将外界受欢迎的饮料变得更适合当地人的口味。这种方式极大地帮助了抖音融入日本文化，使抖音深受日本用户的欢迎与喜爱。

5 广告投放：豪掷重金，助力抖音征服全球

广告虽不能提高产品的品质，却能够塑造品牌独一无二的品牌个性，提升产品在消费者心中的产品价值。如今，产品高度同化，市场竞争日益激烈，品牌也逐渐成了区别同款产品的有效依据。

广告对品牌形象的塑造起到了关键作用，能够培养消费者对产品的信任度和忠诚度；另外，产品在长期的曝光和传播中也能够吸引更多的用户和消费者。健忘是消费者的天性，由于遗忘曲线的存在，即便是已经反复加强的印象，在一段时间后没有得到强化，其印象也会在消费者心中消散。这也是大多数企业不惜重金投放广告，并持续投放广告的原因。

在产品的广告竞争中，最著名的就要属可口可乐和百事可乐这对斗争了一百多年的“冤家”。尽管两家的知名度已经享誉全球，但它们每年在广告上的投入依然达到了数十亿美元。对于产品而言，广告的持续投放，已经不仅仅是为了传播品牌信息或提高知名度，而是希望通过长期的沉淀，强化产品在消费者和用户内心的记忆，避免因新产品问世而被大多数人遗忘。

相较于两款可乐，TikTok 在广告上的投入也不遑多让。它在互联网上的广告力度大到甚至引起了很多海外网友的调侃，在 Facebook 或 YouTube 上输入“TikTok”，首先弹出来的联想词就是“广告”和

“烦人”等字眼。虽然 TikTok 的互联网广告被很多网友“反感”，但它确实引起了很多人的关注，让人们产生了一探究竟的兴趣。甚至，由于 TikTok 的广告投放力度过大，一些 YouTube 的用户以“TikTok 的烦人广告”为题录制了很多搞笑的视频，这间接为 TikTok 增加了曝光度。TikTok 甚至斥巨资在美国 Snap、Facebook 以及 Instagram 上打广告以吸引这些竞争对手的用户。TikTok 在为这些流量平台带来可观的广告收入的同时，也让它们亲手成就了新的竞争对手。

除了互联网外，TikTok 也没有忘记最原始的户外广告。比如，在人山人海的日本电车车厢中，TikTok 的广告随处可见（见图 5-4）。TikTok 在日本最为显著的广告就要属涩谷的 4 块大型广告屏幕，在人流高峰期，涩谷这个最繁忙的十字路口每分钟都有近 3000 人通过。在此处设置广告屏幕，极大地增加了 TikTok 的曝光率。

图 5-4　日本电车中的 TikTok 广告

在日本 JR 山手线电车中投放广告，7 天就要花费大约 430 万美元。更何况 TikTok 的广告并不仅限于电车中，几乎整个车站中都是 TikTok 的广告：候车时身边的巨幅广告、轨道一侧的广告墙等（见图 5-5）。甚至当人们走出车站，也能够在大街上见到 TikTok 的广告宣传车和巨型宣传板（见图 5-6），而这些广告大多设立在东京人流最多的台场、原宿、涩谷和新宿等地。

图 5-5　日本电车车站的 TikTok 广告

（a）广告宣传车　（b）巨型宣传板

图 5-6　TikTok 在日本街道中的广告宣传车和巨型宣传板

同时，TikTok 也将目光放在了各大赛事和颁奖礼上，2018 年，在西班牙毕尔巴鄂展览中心举办的第 25 届 MTV 欧洲音乐奖上，就出现了 TikTok 的身影，其与诸多国际大牌共享广告牌（见图 5-7）。

“超级碗”作为美国收视率最高的体育赛事，抛开比赛本身不谈，其中场表演和比赛期间的广告极具关注度和讨论度。在“超级碗”比赛期间，TikTok 别出心裁地投放了主题为“Make Your Day”的 30 秒广告，展现出不同人群在进行不同运动时充满活力的状态，在视频结尾处表示，TikTok 中有真正的运动员、真正的粉丝和真正的视频，充分展示了其内容的丰富、自由和趣味。

图 5-7　第 25 届 MTV 欧洲音乐奖上 TikTok 与诸多国际大牌共享广告牌

除了这些传统的广告投放模式，TikTok 作为内容平台，仍不遗余力地去寻找优秀的内容创作者。比如，在类似 Instagram 的成熟社交媒体平台中与网红和 KOL 达成合作，借助他们的账号在平台上投放 TikTok 的广告，用以吸引该平台的用户关注 TikTok。一位拥有很大影响力的网红，其广告费用一般为 100 万美元甚至更高。

相关资料显示，2018 年全年，TikTok 在广告的支出上花费了近 10 亿美元，其中仅在美国市场推动其下载的广告支出一度高至 300 万美元 1 天。

6 运营玩法：激发“用户创作”

鉴于抖音在国内的成功，在运营方面，作为海外版抖音的 TikTok 同样通过创新玩法，发起各种有趣的挑战活动来激发海外用户的创作热情，其内容基本围绕配音舞蹈、场景演绎、搞笑、萌宠、旅行等场景展开。

TikTok 作为一款全球增长最快的应用程序之一，新颖且流行的内容玩法在其从推出到火爆的过程中功不可没。在印度尼西亚，TikTok 中以多人同框挑战、“尬舞机”、运镜和贴纸等为内容的视频，播放量和点赞量非常高。相关数据显示，在印度尼西亚地区，“多人同框”挑战仅上线一周，此类视频的播放总量就已经高达 5300 万次。

除此之外，TikTok 中的内容玩法还包括以下形式。

（1）唇形同步。顾名思义，唇形同步玩法指的是一种对口型的内容创作。对于大多数人而言，与一首歌曲做到口型同步并不是一件困难的事，无论在淋浴间，还是在地铁上，唇形同步玩法都能够让 TikTok 用户扮演歌手的角色。

（2）二重唱。所谓二重唱，即将原始视频与用户拍摄视频拼接在一起，做出相似的表演和演唱。这种内容玩法促使 TikTok 用户与朋友、明星、网络红人等的演唱实现无缝连接，形成一个完美的作品（见图 5-8）。

图 5-8　TikTok 中的二重唱表演

（3）配音。TikTok 用户可以从电影或电视节目中截取某一片段，然后自己配音，使自己产生身临其境的感觉，与自己喜爱的明星同屏切磋演技。这种模仿类玩法在泰国年轻群体中颇受欢迎，很多 TikTok 用户会穿着泰国当地的传统服装，模仿热播剧《天生一对》中经典的感人片段和场景。

（4）可爱的动物。比如，猫、狗之类的可爱动物也能够成为视频中的主角，获得 TikTok 用户的关注。有"流行文化之王"之称的宠物狗道格经常穿上各种服装，在泳池、花园等场景下，在 TikTok 中出镜。在一条短视频中，可爱的道格趴在宠物专用背包中，被主人背在身后，视频字幕写道："宠物旅行指南：如果你还没睡饱，让人背着你。"

而在另一个视频中，道格戴着风镜将头伸出窗外，字幕建议狗狗出行时，如果想要把头伸出窗外，可以尝试戴一副墨镜，以及"在旅途中，戴上眼罩打个盹是绝对必要的"（见图 5-9）。

（5）奇怪的特效。TikTok 拥有各种有趣的拍摄特效，比如，将拍摄的事物一帧一帧地播放，使视频中出现多个自己；通过摇晃手机或将手机远离面部，改变视频中眼睛的颜色：眼睛从蓝色变成紫色、绿色、黄色等（见图 5-10）。

图 5-9　TikTok 短视频中的宠物狗道格

图 5-10　TikTok 有趣的拍摄特效

（6）慢动作。慢动作是 TikTok 内容的重要主题之一，恶作剧、特技、舞蹈动作等视频内容都能够通过添加慢动作功能产生很好的效果（见图 5-11）。

除了有趣的内容玩法，各种挑战活动也吸引了大多数人参与创作。比如，“困困的一天”挑战。第一个开启挑战的用户发布了自己困倦挑战的视频，在日常的工作和生活中，不停地打哈欠。这则挑战获得了超过 40 亿次的播放量，120 万次的点赞量。

又如，快照挑战，即创作者使用 TikTok 的滤镜功能，连续拍摄三张照片，既可以摆出有趣的姿势，也可以做出其他类似恶作剧的动作（见图 5-12）。

角色扮演也一直是短视频的主流内容，在漫展或游戏大会上，人们经常看到各种角色扮演者（cosplayer）。TikTok 上的“cosplay”挑战，可以让用户自行选择一个自己喜爱的动漫人物或电影角色进行角色扮演（见图 5-13）。

图 5-11　TikTok 短视频中的慢动作特效

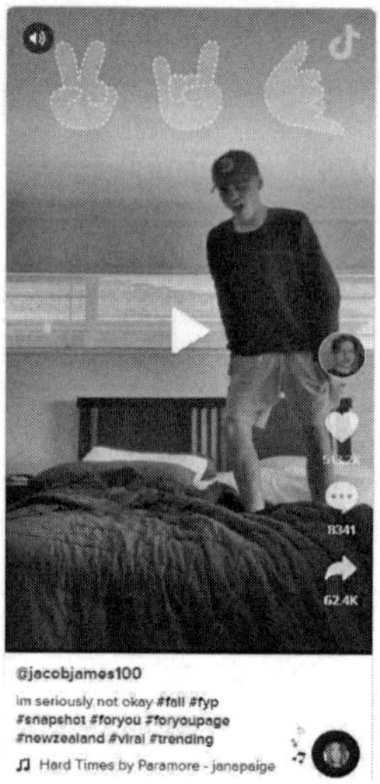

图 5-12　TikTok 中的快照挑战玩法

图 5-13　TikTok 中的角色扮演玩法

相较于其他平台花费重金引流，TikTok 更倾向于邀请用户参与创作，有趣的玩法就成了巨大的流量入口，使平台热度暴增，同时也肩负着增强用户黏性的重任。

市场总有新变化，运营也总有新玩法。不断上线的抖音新玩法，就像一个人拥有的有趣灵魂，散发着迷人的魅力。抖音带领全球用户“玩”起来，不仅能激发用户的创作热情，而且避免了用户产生审美疲劳。用户总是喜新厌旧，因此需要不断给予其新鲜的刺激。抖音在不断创立新标签的过程中，实现了在全球用户中的迅速传播，为抖音的强势崛起和成长提供了足够的养料。

第 六 章

火爆期

高歌猛进，抖音的称霸路

从 2018 年春节起，抖音开始野蛮生长，一路高歌猛进，成为一个巨大的流量池。不仅全国各地的原创音乐人在这里蓬勃生长，各大品牌、官方大号也纷纷入驻抖音。抖音成了未来之星的梦想发源地，企业营销的新阵地，政务宣传的新路径。抖音，已经全方位地渗透进我们生活的方方面面。

1 神曲合集："看见音乐计划"

2018 年超火的短视频 App，非抖音莫属。作为短视频与音乐相结合的平台，网友也在抖音上开发出了更多的玩法。无论是老歌还是新曲，都能在网友别出心裁的翻唱和编舞下，火爆一时。

第一首火遍抖音的歌曲是 2012 年的一首老歌《爱的就是你》，在一对情侣编排的手势舞加持下，《爱的就是你》的热度迅速提升，随即《123 我爱你》《学猫叫》等歌曲接连爆红。原创歌曲《病变》也随手势舞的浪潮打开了知名度，其原创作者 Cubi、Fi9 江澈、Younglife 也受到了更多人的关注。

除此之外，中国风歌曲《醉赤壁》《空空如也》《离人愁》等，也因吸引人的旋律和充满记忆点的歌词，让人眼前一亮。最令人印象深刻的就是《海草舞》《隔壁泰山》等魔性舞蹈，将"洗脑"的音乐与动作相结合，编排出一段十分夸张的舞蹈，其热度在抖音用户间广为传递。

由于抖音平台具有短视频和音乐相结合的特性，所以这种可视化宣传方式逐渐成了更多原创音乐人的新选择。越来越多的原创音乐人将自己的作品发布在抖音上，利用用户将音乐和短视频相结合的方式，帮助自己的作品迅速传播。

为了扶持中国的原创音乐，助力音乐人传播好音乐，抖音在 2018 年启动了"看见音乐计划"，通过向原创音乐人提供"抖音音乐人"认证、专业导师和制作人指导、单曲制作奖金、制定 MV 等多个维度的支持，帮助更多原创音乐人推广自己的作品。

在“看见音乐计划”启动之初，很多人对短视频平台扶持原创音乐人保持一种观望的态度，直到抖音真正做出了一些成绩，才让所有人意识到原来音乐还能这么玩儿，原来抖音真的能够帮助音乐人做更多的推广工作。

抖音为了更好地实施“看见音乐计划”，在与摩登天空、太合音乐等顶级唱片公司和音乐机构达成合作的同时，还赞助、参与了太合音乐集团“麦田音乐节”，让更多原创音乐人登上了更大的舞台。“看见音乐计划”的负责人朱洁表示，一个音乐人的原创作品，如果没有与之合作的唱片公司做宣传，就很难进入大众的耳朵里。但是，抖音给予了所有音乐人直接面对大众的机会，音乐人发布的新作品也能够获得更多的传播。

此外，“看见音乐计划”也致力于推动华语原创音乐出海，将更多的优秀原创作品推广到海外。在此之前，由抖音音乐团队亲手打造的《学猫叫》英文版 *Say Meow Meow* 和韩文版《猫颂》已经在 TikTok 正式发行。

2019 年，抖音的“看见音乐计划”邀请了陶喆、汪峰、胡彦斌、陈粒、邓紫棋等音乐人作为“看见音乐筑梦官”，以音乐人和音乐经纪人两种方式，帮助更多的原创音乐人推广自己的作品。抖音连续举办了两届“看见音乐计划”，参与的音乐人越来越多，被大众熟知的歌曲也越来越多。短视频带来的音乐宣发模式，让抖音成了音乐人出道不容忽视的选择。

相关资料显示，大约 1.4 万名音乐人参与了抖音第一届“看见音乐计划”，报名参与的原创音乐作品达 8 万多首；而第二届“看见音乐计划”，更是吸引了超过 2 万名原创音乐人参与，音乐作品超过 10 万首，其中排在最佳原创音乐前十名的歌曲使用次数累计超过了 3200 万次。

为了更好地对原创音乐作品进行后续扶持，抖音在“看见音乐计划”

的基础上，推出了两张音乐专辑，第一张《看见，听见》收录了2018年的10首热门原创歌曲，其中包括拥有273万[①]粉丝的音乐人王欣宇的《1234喜欢你》，拥有769万粉丝的抖音达人吴佳煜的*Say Goodbye*，单曲使用量过百万的唱作才女王理文的《习惯你的好》等。第二张《国韵潮声》则将多首“非遗音乐”和“流行音乐”相融合，使以往的小众音乐向大众流行音乐迈进。与此同时，抖音也在尽力帮助原创音乐人进行商业变现，推出针对广告客户的音乐商店，方便广告客户在使用背景音乐时向原创音乐人付费。

在2020年，抖音的“看见音乐计划”在阵容和赛制上都进行了升级。针对赛制，“看见音乐计划”推出了流行、摇滚、说唱、电音、国风五大赛道，将音乐进行更细化的分类；针对阵容，“看见音乐计划”邀请了郑钧、萧敬腾、刘宪华等明星担任“星光发现官”，对参赛作品进行指导。同时，“看见音乐计划”联合了索尼音乐、环球音乐、太合音乐、华研音乐以及杰威尔音乐等知名音乐厂牌参与此次活动。

综观全局，原创音乐人和独立音乐人虽然拥有强大的创作能力，但缺乏与之匹配的推广资源和渠道。相对应地，抖音的“看见音乐计划”构建了一条从创作、互动到变现的完美链条，帮助原创音乐人及独立音乐人打破了束缚。

在一众原创音乐人通过抖音纷纷开花结果时，抖音的热度也随之攀升。截至2019年年初，抖音的日活跃用户数量突破2.5亿，月活跃用户数量突破5亿。在短短一年的时间里，抖音的月活跃用户数量从3000万增加到5亿，其中“看见音乐计划”功不可没。

① 本书行文叙述中所涉及的粉丝量、点赞数等数据均为笔者撰写本书时的即时数据。

2 区域互动：抖音“网红城市”炼成记

抖音作为一个音乐短视频社区平台，不仅使一些经典老歌翻红，还带火了一大批“网红城市”。郑州的占卜奶茶、西安的摔碗酒、厦门的土耳其冰激凌等诸多城市特色美食，频繁出现在抖音视频中，其店铺更是一度成为其所在城市的地标，吸引了全国各地的游客来一睹“网红店铺”的风姿（见图 6-1）。

图 6-1　抖音带火的相关“网红店铺”

对于“网红城市”的出现，抖音的作用不容忽视。在火爆即是潮流的时代，大多数年轻人都希望跟上潮流的脚步。因此，无论是网红餐厅，还是网红景点，每一个追求潮流的年轻人都愿意去尝试。再者，抖音的视频传播途径，是基于算法进行推荐，将点赞量多的视频自动推送给其他用户。这就导致获得高点赞量的网红景点持续在用户中传播，进而获得更高的点击量。同时，浏览网红景点的相关视频后，抖音会陆续推荐更多的相关视频，形成“群效应”。比如，点赞洪崖洞的相关视频之后，推荐中会出现“穿楼而过的轻轨”的视频。

相较于传统的城市旅游宣传视频，抖音视频避开了整座城市的宏伟全景，带来的是视觉化、具象化的城市片段，这样能够直接激发用户前往一探究竟的意愿。比如，抖音中播放量特别高的“穿楼而过的轻轨”的视频（见图 6-2），一位用户表示，自己从广东来到重庆这座神秘的城市，就是为了看一眼火遍抖音的“穿楼而过的轻轨”，希望能够获得网友的点赞。

图 6-2　火遍抖音的“穿楼而过的轻轨”短视频截图

抖音上这种“刺激—拍摄—观看—刺激”链条现象很快被相关城市的政府机构注意到。于是，相关政府机构与抖音联合推出了城市主题视频挑战活动，鼓励居民和游客发布更多的城市景点视频，进一步推动了“网红城市”的出现。

独特的城市主题视频挑战活动，为“网红城市”话题持续注入活力。2018 年年初，重庆洪崖洞已经火遍抖音。夜幕之下，璀璨的霓虹倒映在波光粼粼的嘉临江中，城市轻轨不时横跨江水，奔驰而过，美丽的夜景让这座城市充满了吸引力（见图 6-3）。在“五一”前夕，抖音的挑战项目中，与洪崖洞相关的主题多达 130 个。随便一个关于洪崖洞的视频，都能够获得上万甚至高达 100 多万的点赞量，这些视频吸引着全国各地的年轻人前往洪崖洞留下自己的身影。

图 6-3　火遍抖音的重庆洪崖洞短视频截图

相关数据显示，仅 2018 年 4 月 29 日，洪崖洞的单日客流量就达到了 4.5 万人次，被景区强制管制限流；30 日，景区的火爆场面更是登上了央视新闻。对于大多数年轻人而言，视频只能不断刺激内心的欲望，只有行动才能满足内心的渴求。于是，抖音“网红城市”打卡，逐渐成为旅行的一个目的。

就“网红城市”而言，抖音官方曾发布了一份《短视频与城市形象研究白皮书》，总结了 2018 年度抖音中各大“网红城市”的相关数据。其中在关于城市形象的抖音视频排行榜中，重庆、西安、成都三座城市的总和占据了前 100 名中的 40%。截至 2018 年 8 月，这三座城市的相关视频播放量分别高达 113.6 亿次、89.1 亿次、88.8 亿次，远远超过了国内其他城市。这也意味着，人们对于城市的注意力被移动互联网重新分配，现实生活中身在一线城市的用户，更愿意把目光投向精彩纷呈的二三线城市。

如果一座城市成了抖音中的“网红”，那它一定拥有成为“网红城市”的特质。以重庆为例来讲，作为一个“3D 魔幻城市”，重庆从来不缺少话题，“重庆妹子”“重庆火锅”“停靠在八楼的二路汽车”等。在 2017 年，抖音冠名的《中国有嘻哈》冠军选手之一 GAI（周延）就以一句“勒是雾都”展示了重庆说唱歌手的魅力，而与其相关的音乐也成了一些关于重庆视频的背景音乐。同类的还有《西安人的歌》等。同时，重庆的美食也不遑多让，除了享誉盛名的重庆火锅外，还有重庆小面、酸辣粉、毛血旺等一众具有重庆特色的美食，来变着花样满足游客的胃。

无论是重庆、西安，还是成都，抖音中的热门视频都纷纷透过屏幕展示了各自的城市特色。每一座城市的视频都与城市的视觉形象直接相关，如重庆李子坝站穿楼而过的轻轨、西安大雁塔上的中国龙光影秀、成都的大熊猫繁育基地等。

当一个城市景点具有极强的视觉冲击力和鲜明的城市特征时，就很容易受到年轻人的喜爱，而这些“打卡点”越特殊，该城市成为“网红”的机会也就越大。

3 孵化红人：抖音上的网红到底是怎么火起来的

“网红”是指在现实或网络生活中因某个事件或某个行为被网友关注，从而走红的人。他们的走红一般是由于自身的某种特质在网络传播中被不断放大，与众多网友的审美、审丑、娱乐、偷窥、刺激等心理相契合，有意或无意受到了网络世界的追捧，从而成了“网络红人”。

抖音的出现，弱化了人或物成为网红的必备条件，降低了成为网红的门槛，只要能够让大多数用户接受，吸引他们关注，每一位抖音创作者都有可能成为网络红人。

综观抖音网红，不得不承认这是一个“颜值即正义”的世界，只要长得足够好看，就能够轻松获得点赞和关注。比如，抖音早期的网红费启鸣，凭借一段“如果你的前男友和现男友同时掉进水里，你是否愿意让我做你的男朋友”的短视频，瞬间增粉数十万。这一视频之所以火爆，80% 要归功于视频主角费启鸣的颜值。虽然颜值并非成为网红的唯一条件，但如果拥有高颜值，无疑就拥有了一个巨大的天然优势。从费启鸣到欧尼熊、聂小雨，再到最近的刘思瑶，每一位抖音网红都是在当代年轻人的审美上取胜。即使自身颜值不够，在抖音平台高美颜和各种滤镜功能的加持下，也足以使视频中的主角变得倾国倾城。此外，视频中若再辅以热门的换装、手势舞等挑战互动，更容易提升热度。

退一步讲，若没有“老天爷赏饭吃”的过人颜值，那么网红就需要具备一种过人的技能了。譬如，游戏红人要具备很强的游戏技术，美妆红人要拥有高超的化妆技巧，等等。其中，利用与现实生活存在的反差效应更容易吸引粉丝。比如，具有“发明界泥石流之称”的“手工耿”，他本身是一名焊工，但喜欢做一些“非常有趣但毫无用处”的东西。例如，脑瓜崩辅助器（见图 6-4）、倒立洗头神器、防地震泡面神器等。又如，考研导师张雪峰也是具有反差效应的网红，其将严肃的考研指导变得诙谐幽默，凭借单口相声式的演讲吸引了一大批粉丝。

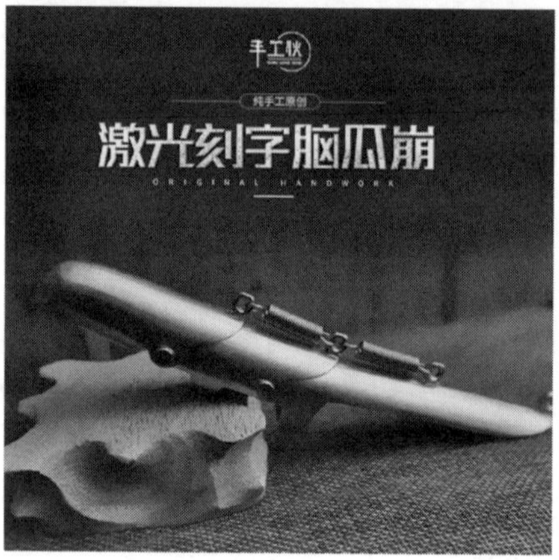

图 6-4 “手工耿”制作的激光刻字脑瓜崩

除了人格魅力，抖音视频的内容也是催生网红的一大条件。比如，介绍一些不常见的产品或事件，利用年轻用户猎奇和少见多怪的心理来吸引粉丝。例如，“虎哥说车”以介绍各种汽车的性能、价格、外观的视频内容，收获了一大批爱好汽车的粉丝。除此之外，还有一些分享生活技巧的视频，如小白鞋怎么保持洁白、洗衣机怎样清洗等。

要说抖音最热门的内容首先要属剧情类。其大多以情侣秀恩爱日常为主。比如，戴大梨和李三金、张琳和刘梓豪等。这类短视频往往通过内容秀表演、有趣日常生活情景记录等，来满足大众对和谐、甜美恋爱生活的向往，并辅以情侣身份交换等热门挑战来吸引网友的关注。其次是同样爆火并容易催生出网红的诸如室友日常记录（如疯产姐妹）、办公室日常记录（如办公室小野）等主要以搞笑、奇葩的日常生活作为基本视频素材的内容。

抛开内容方向不谈，抖音网红的走红之路一般分为两种：第一种，背后有资本支撑以及优秀运营团队的辅佐，俗称“打造网红”；第二种，凭借自己发布的优秀视频内容获得抖音用户的青睐，进而成为抖音网红。

第一种就是所谓的“包装走红”。其由相关机构专门设计方案，从内容定位到团队搭建，再到视频运营，一步步提升个人的视频热度。一般而言，他们首先会为自己打造一个人设，做好视频定位，比如，“搞笑 + 办公室 + 社会热点”。其次是组建团队。这类团队一般由导演、编剧、主演、摄像、后期五部分组成，有三四个人，通过设计合理或者奇葩的情节冲突，达到博人眼球的效果。比如，某个团队设计的办公室中“宫斗”情节，主角和初恋女友、前女友、前未婚妻、前妻妈妈以及娃娃亲对象在同一家公司的工作日常。最后是保持视频更新的频率，一周一更或两更，维持视频的热度。

第二种大多属于意外走红。这类网红一般是通过某个视频收获一大波热度，从而跻身网红行列，但由于缺乏相关题材的延续，维持热度颇为不易，这类网红最终也只是昙花一现。比如，前文提到的费启鸣、以一句“能带我吃饭就好”走红的成都小甜甜、地下停车场跳舞的温婉等。

网红时代，每个人都可以出彩。抖音给了无数普通人彰显个性、表达自我的机会，这才是抖音最大的魅力所在。虽然不排除一些人为了出名而不择手段，但更多的人在这个平台上找到了为自己发声的机会，实现了自己的梦想。

4 生态升级：抖音入局小程序

在使用手机软件时，越来越多的用户排斥通过分发渠道下载 App，导致流量增长出现疲态，而小程序的出现，为这些互联网应用注入了新的生机。2018 年 10 月，在小程序活跃在各大互联网应用中时，抖音选择躬身入局，试图以此打造抖音产品矩阵，建立变现闭环。

小程序是由腾讯微信发布的一款无须安装，通过扫描二维码或使用“搜一搜”功能就能够使用的手机应用。虽然它在发展的过程中饱受诟病，但不得不承认它确实拥有不占内存、入口场景丰富、流量红利大、可关联公众号等诸多优点。

小程序以一种成本极低的方式带来了远超网页应用的用户体验，而且也为线下的实体企业提供了一项开发成本低于 App，功能却有过之而无不及的服务工具。比如，在餐厅中，可以去掉点餐所需的菜单或电子设备，将小程序二维码贴在餐桌上，顾客扫描二维码之后就能够自主点餐；机场也可以裁撤昂贵且笨重的指路机，通过小程序实现接近高德地图体验的机场导航等。

总体来讲，小程序确实是顺应时代的产物，以“站在风口上，猪都能飞起来”来形容它都不为过。在后续的发展中，小程序的地位逐渐水涨船高。在各大互联网应用中，它的辅助作用不容小觑。

腾讯曾上线了一款社区小程序“头牌观点”，以“职业人的短评论社区”为标签。微信公众号中的推送为其内容来源，用户可以选择感兴趣的文章进行评论，并享有匿名发送的权利。同时，“头牌观点”也可以同步分享给自己的微信好友，向其他人推送有意思的文章。

共享单车监管平台在南京上线运营之后，通过小程序帮助管理部门对单车乱停乱放、违规摆放等问题进行监管。市民在遇到损坏或乱停乱放的共享单车时，只要在小程序中拍照上传，就能够将信息反馈给监管平台。截至目前，大多城市的共享单车入驻了该平台。

同样，同程艺龙为了能够让更多的用户享受简单、便捷的出行服务，在“同程艺龙酒店、机票、火车”等多个渠道上线了语音购票小程序。用户无须再手动输入出发点、目的地、时间等相关信息进行搜索，只凭借一句话，告知出行需求，就能够得到满足需求的车次。如此，用户仅需说话，就可以实现购票查询、选择和票务预订等，极大地简化了购票流程。

智能生活体验集合点“名创优品”，也通过上线“miniso 名创优品旗舰店”小程序为用户提供更好的服务。在“miniso 名创优品旗舰店”小程序商城中上线了洗护用品、美妆护肤、家居用品等诸多产品，用户可以直接通过小程序在线查询，询问客服并查看用户评价，并且，在产品的详细页面内都有“30 天无忧退货”“48 小时快速退款”等多项标注。

小程序促进了抖音从单一的音乐短视频平台转化成综合类的生活短视频平台。从抖音逐渐上线的生活服务、推荐商家地址、推广蓝 V 号等功能来看，抖音希望利用流量和用户优势打造产品矩阵，进行变现的意愿已经十分明显，而入局小程序能够为抖音带来诸多好处。

对于抖音的电商来说，小程序能够提高变现效率。在抖音中的电商逐渐活跃时，一般还需要通过跳转到淘宝店铺进行交易，致使交易过程过于冗长，很容易丢失客户。相比较而言，抖音中的生活服务功能，能够基于用户地理位置和兴趣保障小程序的分发和变现，促使其在场景化服务和体验中拥有更大的优势，提高相关服务的使用效率。

对于抖音用户来说，小程序能够优化其使用体验。抖音的存在，使商家的覆盖范围得以拓展，导致线上和线下能够做到有效的联动，而小程序能够帮助用户避免购买和付费场景的切换，保障从观察商品到完成交易整套流程的流畅性，为用户带来内容消费和生活消费的多元服务。

对于抖音的达人来说，小程序能够帮助其打破现有限制。抖音达人可以将自己在抖音上的粉丝引流到小程序，进行变现，打破单一广告途径变现的限制，满足不同达人的变现需求。

对于抖音平台来说，小程序能够将消费、O2O 生活服务、工具等多种场景融合进平台，打破原有的短视频概念，建立起全新的产品矩阵，实现变现闭环。

如果抖音小程序作为不断完善平台变现模式的工具，为各大品牌、达人提供变现渠道，将在很大程度上催生新型电商，引爆整个网络。

5 官媒入驻：严肃卖萌，越来越接地气

如果说年轻人玩抖音是为了满足自己的表现欲望和猎奇心理，那么各大官方账号的入驻对抖音来讲就意义非凡了。官媒的入驻意味着抖音这个音乐短视频平台正式走向了百花齐放的道路。

随着新媒体的蓬勃发展，短视频的迅速火爆，以图文为主体的宣传方式已经无法获得更多的关注，而内容新颖丰富的短视频，逐渐成了大众的“宠儿”。各大官媒入驻短视频平台是与时俱进，也是大势所趋。对于一些政务公众号而言，工作的推进一定要与大众的关注点密切结合，这也是官媒宣传的正确发展方向。只有如此，各大官媒才能在潜移默化中将主流意识形态的正能量传播出去，在日新月异的互联网上占据一席之地。在抖音中，利用流行的音乐、舞蹈、热门“梗”吸引大众网友的注意，并结合自身的工作特性，传播一些积极向上、温暖人心的正能量内容，成为各大官方媒体的正确打开方式。

在大多数人的认知里，《新闻联播》的风格是严肃的，主持人以专业的技能、标准的普通话、端庄的仪态带给观众一种权威性。在《新闻联播》入驻抖音后，其传播的语态发生了改变，使人们觉得央视也越来越接地气。比如，主持人康辉，模仿了《中餐厅》中黄晓明的经典台词，让观众捧腹大笑。正是抖音，让这位具有亲和力的大叔放飞自我，也让《新闻联播》以一种轻松幽默的方式记录着中国，记录着每一位追求幸福

的中国人（见图 6–5）。

图 6–5 《新闻联播》入驻抖音

在五一劳动节期间，共青团中央和抖音联合发起了名为“这是你的第几个劳动节”的活动，号召各行各业的劳动者用抖音记录美好的瞬间，这一活动得到了连云港警方的积极响应。

连云港警方抖音官媒通过发布特警、民警、交警、消防员等不同类别警务人员“五一愿望”的抖音视频，树立了警察的正面形象，传递了社会正能量。比如，在一位消防员的视频中，他表示自己已经在这个岗位上度过 11 个劳动节了，他希望下一个劳动节的火警少一点。朴实的文字，简单的愿望让这则视频收获了 20 多万次的点赞，3000 多条的评论，500 多万次的播放，也让更多网友了解了消防员的辛苦和不易（见图 6–6）。

图 6–6 参与“这是你的第几个劳动节”活动，连云港警方发布的抖音短视频截图

最让网友津津乐道的视频，要数杭州市公安局官媒“平安杭州”发布的一个抖音视频——《警察说 hip-hop 之派出所那些事》。其以一种潮流的说唱风格，讲述了派出所民警在日常工作中遇到的形形色色的事件。比如，处理广场舞大妈和举报噪声污染投诉，调节夫妻矛盾等。该视频一经发布，就以节奏轻快的音乐和说唱受到了公众的欢迎。另外，其在六一儿童节期间发布的防沉迷游戏视频获得了 2400 多万次的播放量，网络安全宣传教育工作颇见成效。

除此之外，国资委新闻中心、北京市公安局反恐怖和特警总队、国家博物馆等一大批政务机构纷纷入驻抖音，以大众群体更容易接受的方式宣传着社会主义正能量。

各大“官媒”入驻抖音，其意义不仅在于拓宽了主流意识形态固有的传播渠道，还打破了官方媒体原有的严肃刻板形象，使其以一种新潮的媒体新形象面对大众。更为重要的是让大众感受到了各大官方媒体不拘一格，勇于接受新事物，走进大众群体的态度。这种态度让政府部门以新颖丰富的形式内容开展政务宣传和民生服务，在与大众互动的过程中，不断弘扬主旋律，传递更多的正能量。这些正能量恰恰是抖音所需要的，短视频平台之所以被一些网友诟病，是因为一些缺乏正确价值观念的视频大行其道。抛开平台监管力度不足的因素，导致这一结果的原因与正能量短视频的缺少也有一定的关系，毕竟大众群体也热衷于观看一些积极向上的内容。作为政府部门，其发布的视频内容在贴近大众审美，力求生动有趣的同时，也会传播社会正能量，展现政府部门的良好形象，引导大众群体树立正确的核心价值观。

如此一来，抖音中的视频风气也会随着各大官方媒体的入驻，主动向正能量靠拢，从而在一定程度上优化抖音的网络环境。同时，各大官方媒体也能够为抖音短视频的内容发布者提供正确的引导方向，避免平台视频内容基调过度娱乐化，将平台内容向更贴近国情、贴近生活的方向引领。

6 品牌入驻：奢侈品也“抖”起来了

在大信息时代，奢侈品要想更快地传播推广信息，借助当下火爆的社交媒体无疑是最好的选择。尽管一些高端人士认为抖音此类短视频平台太接地气，会削弱奢侈品的品牌形象，但这并没有阻止众多奢侈品品牌顺应潮流的脚步。

图 6-7　众多明星在抖音为迪奥宣传

2018 年，在传统节日七夕节前夕，迪奥在其抖音官方账号中发布了与 DIORAMOUR 系列中国独家限量版手袋相关的短视频内容，并邀请了中国区品牌大使 Angelababy，品牌挚友王丽坤、景甜、孙伊涵等一众明星为该系列拍摄了广告视频。与此同时，在抖音拥有 3000 多万粉丝的 Angelababy，在其个人抖音账号上也为迪奥进行宣传，进一步为迪奥引流了大量粉丝（见图 6-7）。

以往对数字化媒体敬而远

之的 Chanel 紧随其后，在其抖音官方账号中发布了 12 支 Chanel J12 腕表的广告视频（见图 6-8）。

图 6-8 Chanel 抖音官方账号及其发布的 Chanel J12 腕表的广告视频

作为第一个和抖音进行深度合作的奢侈品品牌，Michael Kor 延续了在全球数字化营销已经取得极大成功的“THE WALK”概念，开启了主题为“城市 T 台，不服来抖”的挑战赛（见图 6-9）。在赛事初期，Michael Kor 邀请了“吴佳煜”“洁哥是女大神呐”“表姐”等活跃在抖音上的时尚达人，通过佩戴 MICHAEL KORS ACCESS 智能腕表、新款 MERCER 包等，并结合 Michael Kor 专享的贴纸道具以及华丽的转场效果和运镜技巧，为所有抖音用户做出示范。据不完全统计，在短时间内，三位时尚达人的视频浏览量就高达 500 万次。

图 6-9 Michael Kor 开启主题为“城市 T 台，不服来抖”的挑战赛

在时尚达人的引领下，越来越多的抖音用户开始发布自己的“走秀”短视频，而且被吸引的不仅仅是抖音用户，长期关注 Michael Kor 品牌的诸多时尚人士也纷纷加入了挑战赛。在挑战赛仅上线 7 天后，参与主体挑战赛的短视频已多达 4.5 万条。

在整个过程中，抖音为了激发用户的参与热情，不仅为挑战赛邀请了一些达人，还通过强大的人工智能技术，增添了大量时尚街拍风道具。比如，支持 106 个人脸关键点检测的表情贴纸、将人与背景分割实现的虚拟背景更换技术等。这些特殊场景的贴纸，营造了与线下活动一致的氛围，在巧妙实现品牌曝光的同时，也因其新颖、潮流的特点在很大程度上激发了用户创作相关短视频的热情（见图 6-10）。

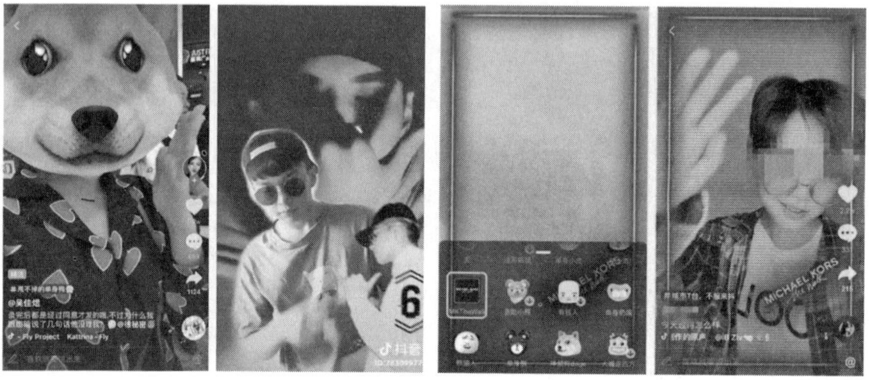

图 6-10　抖音增添的大量时尚街拍风道具

与此同时，抖音以开屏、发现页、搜索页、站内消息等多个广告曝光位置，全面推广品牌活动，进一步提升了参与挑战赛的关注度和热度（见图 6-11）。

抖音与 Michael Kor 的这次合作，是国际奢侈品品牌进军中国市场的一次创新性营销，也为更多的奢侈品品牌开拓了新的宣传推广思路。近几年，Alexander McQueen、Bally、BOSS、Burberry、CHANEL 等多个奢侈品品牌纷纷入驻抖音，深入本土的年轻群体。

相关人员表示，由于奢侈品的高品质和排他性，奢侈品在抖音上的销售转化率并不乐观，而且从小众走向大众往往意味着产品在人们心中

图 6-11　抖音在关键广告位对“城市 T 台，不服来抖”活动进行宣传

的稀缺性会大大降低。简单来说，就是大多数抖音用户买不起奢侈品，而过度向底层人们宣传，会降低其品牌价值。然而，从长远角度来看，奢侈品品牌入驻抖音是利大于弊的。抖音聚集了大量一二线城市的年轻用户，而超过一半的用户为女性，她们拥有高消费的能力，而这种用户构成比例，对购买奢侈品有着不容忽视的购买潜力。同时，抖音能够在短短几年内拥有如此强大的热度，也标志着它有强劲的增长潜力。

多年以前，业内人士就预测，“千禧一代”是中国奢侈品行业的主要驱动力。事实证明，确实如此。2017 年的一份报告指出，“千禧一代”人群，年人均购买奢侈品数量为 8 个，而其他人群年人均购买奢侈品数量则为 5 个。

因此，拥有大量年轻用户的抖音是一个巨大的流量池，不仅能为奢侈品带来客户，还能通过其高社交活跃度以及可观的曝光量和影响力，对品牌宣传产品起到极大的促进作用。

同时，抖音也通过增添电商功能，来帮助各大品牌进行变现。比如，Christian Dior 在抖音上拥有自己的品牌商店，用户可以直接在抖音内下单购买商品，而在其相关推广视频中，广告链接也为品牌带来了更多的销售机会。

互联网时代的到来确实为奢侈品品牌和消费者带来了极大的便利，不过，对于抖音来讲，当各大奢侈品品牌入驻之后，抖音更需要关注自身的支付安全以及如何让奢侈品品牌更好地适应短视频平台的问题。

7 搜索功能：用户需求模糊者的福音

当人们对未知的事物进行探索时，搜索引擎的存在能够帮助人们获取第一手信息资源。对于抖音而言，搜索功能的意义一方面在于抖音平台每天会发布超过百万数量的短视频信息，而抖音用户并不能单纯凭借推荐算法获得自己所需的内容；另一方面在于有时候抖音用户对自己的需求十分模糊，因此，抖音就需要搜索推荐来帮助用户确立自身的需求。

通过用户对平台已上传视频内容进行搜索，挖掘其潜在需求，被称为“抖音 SEO”。简单来说，就是搜索引擎优化，其目的就是深入解决用户的痛点和需求。

比如，一个用户在浏览抖音短视频时，发现了一首很火的背景音乐《旧梦一场》，该短视频内容深深地吸引了他。于是，他就希望拍摄一篇相似的短视频，但他并不知道应该在视频中添加哪些因素，这就是该用户的需求模糊。这时，用户在抖音中搜索“旧梦一场”，抖音的搜索推荐功能会衍生出相应的选项，用户就能从特效素材、舞蹈、歌曲教学等方向找到自己需求的点（见图 6-12）。如此，抖音就将用户模糊的需求清晰化了。

抖音搜索推荐功能的价值在于，抖音先通过短视频的智能推荐获取用户兴趣特征，当用户出现搜索行为时，抖音就可以凭借用户的兴趣特征猜测用户所需要的信息，进而为用户提供最优的搜索结果。

其实，基本上所有的主流App都拥有搜索和推荐两种功能。比如，在某款音乐软件中，用户可以搜索自己喜欢的音乐，也可以接受系统自动推荐的音乐。由于每个人都拥有自己的音乐偏好，因此，大多数音乐软件的推荐系统都能够做到根据用户听歌和评分的历史记录，生成一个对当前用户最佳的搜索结果。然而，抖音的优势在于，不仅拥有推荐和搜索两种功能，而且将推荐算法也融入搜索引擎中，这就是抖音与其他搜索功能软件的最大不同。

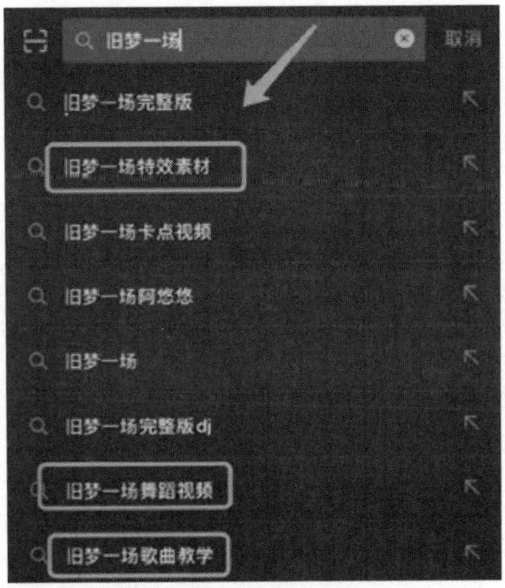

图6-12 抖音搜索推荐功能的衍生选项

这种以“推荐”为内核的搜索方式对广告主来说，能够使广告的投放方式更加精准，曝光度也有所提高；对内容创作者来说，在提高内容曝光度的同时，也降低了内容的竞争门槛；对抖音用户来说，通过搜索而来的粉丝，其需求也会更加明确，黏性也会更强。

抖音之所以火爆，其精准的用户定位、优秀的运营方式功不可没，但抖音所具备的搜索功能也是让其在众多竞争者中脱颖而出的一大优势。

抖音与最大的竞争对手快手相比，仅在搜索功能一项上就占据了很大的优势。比如，快手平台的搜索功能一般分为两步，在启动应用后，需要点击页面左上角的菜单栏，再进行搜索；相比较而言，抖音在开屏之后，只需左滑即可进入搜索页，而且当搜索内容播放完成后，会自动进入下一条搜索结果。又如，快手的搜索推荐维度较小，一般只为用户推荐话题标签；抖音却在搜索推荐中扩展了众多维度，其搜索结果能够结合点赞量、评论量、时效性和参与度等多种维度进行排列。

抖音还有一些快手不具备的功能。比如，抖音搜索结果的视频可以直接播放，也能够在搜索页完成点赞、评论和转发等操作。同时，抖音的搜索热榜能够一键分享给抖音好友，或者转发至微信、微博等平台。

除此之外，当抖音开启自己的电商时代之后，抖音在其搜索功能的基础上，添加了一项重要功能——商品搜索。这也意味着，抖音商品库中的全部商品，通过小程序全面接入了站内的搜索引擎。当用户在抖音上搜索一些商品的关键词时，就能够获得所需商品的信息链接。同时，一个新的搜索标签“商品”也同步上线，让用户搜索商品的路径更加直接（见图6-13）。

图6-13 抖音搜索推荐功能中的商品搜索

一款短视频软件的特点就是内容丰富化、表达个性化、形式互动化。抖音的内容生产、分发机制，都为用户的一夜爆红带来了无限可能，而如何让用户既能快速搜索到自己所需要的内容，又能避免被繁杂的信息所束缚的背后，需要强大的算法和精准的用户画像，而抖音的最大优势恰恰就在于其核心算法。

第 七 章

盈利期

流量帝国，抖音商业版图的扩张

抖音短视频的商业价值包括巨大流量与智能分发能力、平台渗透引导能力、品牌传播能力和用户转化能力。这些商业价值是支撑抖音盈利的强大根基。从信息流广告、电子模式，到达人带货、知识付费，抖音的商业版图不断扩张。

1 信息流广告：抖音的主要盈利方向

很多人好奇抖音到底是如何实现盈利的。总的来说，抖音的盈利手段大致分为三种：电商、直播打赏抽成和广告变现。其中，信息流广告是抖音的主要盈利方向。

信息流广告的发展已经有 14 年的历史。2014 年，今日头条上线原生广告，标志着中国信息流广告进入蓬勃发展期。在近几年，随着人们对网络的依赖性不断增强，各大互联网媒体都相继推出了信息流广告平台。作为短视频平台翘楚，抖音的信息流广告也颇受欢迎（见图 7–1）。

图 7–1　抖音的信息流广告

抖音之所以能够以信息流广告盈利，与自身的属性脱不开关系。作为一款火爆全网的短视频 App，抖音视频的日均播放量高达十几亿次，信息流广告的曝光量极为惊人。同时，基于精准的用户定位，使抖音用户多为崇尚个性化的社会群体，广告用户画像匹配度很高。最重要的是，抖音是一个智能社交平台，它能够加强广告商家与用户之间的联系，通过评论互动等方式使用户产生好感。

除此之外，抖音对流行文化的敏感也符合用户的潜在需求。在信息流广告内容方面，抖音也做到了顺应时代潮流，使大众群体易于接受。

内容即广告，广告即内容。将广告与产品融为一体是抖音广告的一大优势，既保证了广告的内容，又因独特的广告风格使其穿插于各种短视频中，不会显得太过突兀，让抖音用户的阅读体验更为自然。另外，相较于传统的图文广告，短视频广告能够更加直观地阐述核心内容，更好地吸引用户的关注。

比如，苏菲为推广首款可伸缩卫生巾“口袋魔法 S”，在抖音上发布了“PS 篇”和“自拍篇”两则视频广告。

“PS 篇”主要讲述了一名设计师在制作卫生巾广告时，面对各种各样的苛刻修改要求，愤怒地将卫生巾从电脑屏幕中抓了出来，手动拉长之后又塞回了电脑屏幕的海报中。符合现实的办公室环境、苛刻的设计要求以及设计师的魔幻手法，让观众眼前一亮。

“自拍篇”则讲述了一对闺密在旅游时自拍的场景。一位女孩子拿着手机自拍，却发现手机装不下景点的全貌。于是，同伴拿出了苏菲卫生巾，将手机瞬间拉长，又将手机画面中的建筑物缩小，完美地完成了自拍。

两则广告视频上线后，类似“看了半天原来是广告”“这一波广告给满分”的评论比比皆是。广告完美地融入视频中，让所有用户在毫无察觉中有效接收了广告的商品信息。

除了带给用户沉浸式的体验，抖音信息流广告的画质和长度也极为讲究，确保广告在精准传递广告信息的同时，不会占用用户过多的时间，使广告信息得以更好地传递，提高转化率。对用户感官体验最重要的一点，就是抖音的广告并不会强制打断用户的观看进度，而一些视频网站往往就习惯在影片或视频的开头和中间添加一些广告，严重影响用户的观看体验。

另外，由于抖音内部核心算法的存在，抖音会根据用户的浏览习惯，提高用户与接收产品信息的贴合度，达到精准推送的效果。

在抖音中，信息流广告一般分为单页信息流广告和原生信息流广告两种。单页信息流广告支持跳转品牌落地页，跳转按钮在视频的最佳位置，而站内的交互跳转也极大降低了用户的流失率（见图 7-2）。同时，单页广告能够支持第三方检测，帮助广告主提高相应的投放数据。但是，单页信息流广告最大的弊端就在于没有抖音账号，不能够被用户关注。

图 7-2　抖音单页信息流广告

原生信息流广告与单页信息流广告的最大区别就在于，原生信息流广告支持用户关注广告主的抖音账号，能够在广告中直接加粉，缩短了转化路径。另外，原生信息流广告中的点赞、评论、转发等功能，对激发用户的互动热情也有很大的促进作用（见图 7-3）。

图 7-3　抖音原生信息流广告

相较于单页信息流广告，在各大品牌入驻抖音之后，原生信息流广告也逐渐成了抖音新的变现发力点。

短视频信息流广告收入的大致测算思路为：DAU × 用户日平均使用时长 × 短视频每分钟播放次数 × 短视频广告加载率 ×CPM ×365。在这里，DAU 是指抖音的日活跃用户数量；CPM 一般是指千次曝光计费。根据 2018 年 9 月抖音官方对外披露的数据分析，抖音信息流广告收入一年可达到 95 亿元，成为抖音主要的盈利手段。

2 “接棒”头条：抖音的电商野心

就目前来看，互联网企业主要以广告、游戏、电商和互联网金融作为实现变现的渠道。其中，广告变现模式相对成熟，在众多互联网企业中占比最大，互联网金融由于其苛刻的条件因素，占比最小，而游戏市场基本上被腾讯和网易瓜分殆尽。因此，电商变现成了诸多互联网企业最看重的盈利模式，字节跳动也不例外。

早在今日头条时期，张一鸣就开始进军电商领域。2014 年，今日头条推出了“今日特卖”功能，尝试为第三方电商平台导流，并与京东合作推出了“京条计划”。2017 年，今日头条上线了“放心购”业务，并在第二年升级为“值点商城”。在此基础上，张一鸣还以收购等方式获得了包括第三方支付、保险在内的三张金融牌照，试图构建电商体系中最关键的一环——自有支付。然而，无论是“放心购”，还是“值点商城”，都没能在众多电商巨头的围堵下杀出重围。但是，这并没有使字节跳动放弃进军电商领域的决心。随着抖音的火爆，抖音逐渐“接棒”今日头条，承担字节跳动对电商领域的布局，并借助以往的经验步步为营，吹响进军电商领域的号角。

在决策上，抖音向第三方开放了电商导购，并推出了电商小程序。2019 年，抖音与京东达成战略合作，并在京东“6·18”购物狂欢节前，推出购物车打通计划，顺利链接京东商城。这也表示，抖音即将大规模向第三方电商平台开放导购。在此之前，抖音与淘宝也曾达成过深度合作，其购物车当时也仅向阿里系商城开放。抖音对于进军电商领域策略的改变，是抖音发力变现的一个信号。

电商小程序是抖音继游戏小程序后推出的第二类小程序，比如，“小米商城”“京东好物街”“醉鹅娘葡萄酒旗舰店”等。这些小程序能够实现从短视频到商品购买详细信息页的跳转，同时还具备店铺展示、店内搜索以及用户个人账户页面等多项功能。电商小程序对电商而言，有着极为重要的意义，其最大的优势在于它极高的使用体验和支持分享裂变的特性。电商小程序能够帮助电商用户通过分享给抖音中的好友进行传播，在抖音所拥有的巨大流量池中，建立新的商业闭环。同时，抖音与品牌、网络红人等合作打造的案例，也能够吸引更多的人加入电商小程序，进一步提升抖音电商的转化率和曝光率。

在管理上，字节跳动将“放心购”的团队一分为二，一部分员工继续运营“值点商城”，其余员工则加入抖音电商平台“精选好物联盟”的搭建工作中。随着“精选好物联盟”的上线，各大抖音网红的主页内个人店铺入口一并开放，抖音用户可通过点击入口，进入抖音网红的个人店铺进行购物。同时，抖音与 10 余家购物车运营服务商达成合作，通过提供抖音购物车功能对接、抖音官方活动对接等服务，进一步完善了电商生态体系。除此之外，抖音还通过推出官方话题、达人超级话题、抖音直播等多种玩法，提高自有电商平台的曝光度。

随着电商生态体系的不断成熟，抖音接入今日头条“放心购”平台，逐渐弱化了为第三方电商平台导流的现象。抖音中的电商用户可以自行选择电商平台，但相较于淘宝等第三方电商平台，“放心购”店铺的购买流程更为流畅，无须跳转。与此同时，抖音的内容优化措施，使各大抖音红人能够产出更为优质的视频内容，吸引更多用户的关注，进一步提高流量和转化率。这一举措推动了抖音店铺数量的增加，为抖音的电商之路不断添砖加瓦。

抖音的诸多决策和措施，其目的都是建立自由的电商生态体系。无论是减小淘宝在抖音电商中的比重，还是接入更多的第三方电商平台，抖音的重心从来都没有放在导流上，而是借他山之石攻玉，使自己的电商帝国更为牢固。

综观整体，抖音的电商团队以高流量的抖音红人为主，通过直播、短视频、抖音店铺以及小程序来进行引流，并辅以抖音官方发布的“挑战”、推广视频等，获得相应的收益。但由于抖音电商的普及，除了具有支付、发货、退换等完整流程的一类电商外，还存在一些采用货到付款模式的二类电商，但是此类电商仍存在一定的风险，比如曾经引发争议的“抖音烤虾”。这也意味着抖音的电商生态体系仍然存在不完善的地方。

虽然，一些专业人士表示，在未来，成熟的短视频运营者，其变现规模要远远大于电商和微商，但抖音的电商之路依然任重而道远。

3 橱窗权限下沉：开启全民带货模式

抖音电商变现的途径不外乎三种：商品橱窗、直播带货和私域导流。其中，商品橱窗因其可持续时间长、展示品类多等特点，而备受抖音用户的青睐。但在商品橱窗开通之初，因公众号高粉丝数、总作品高点赞量等严苛条件，使其只能作为各类抖音“大 V”和“草根网红”变现的渠道。

为了促进电商变现，抖音降低了平台商品橱窗的打开权限，开启了全民带货模式。只要用户完成实名认证，并发布 10 条相关的短视频，就能够在抖音中拥有自己的商品橱窗，通过流量收益获得佣金。

抖音橱窗的下沉，意味着平台给予了电商更大的带货空间，在全民带货的潮流下，抖音直播带货的限制条件也有望逐步取消。抖音目前构建的以商品橱窗、用户自营小店为核心的电商体系，在低门槛的开通条件加持下，将通过短视频和直播的方式与抖音用户实现全面贯通。自此，电商将进入短视频、直播带货的新时代。

抖音以短视频起家，凭借其优秀的个性化算法推荐一跃成为国内外年轻群体的宠儿，积累了大面积的流量，而流量是变现的基础。抖音的短视频电商生态体系基本趋于完善，而全民带货模式相当于将抖音变成了一家拥有超大容量的“百货公司”。供货方可以是抖音中电商用户的自营小店，也可以是链接淘宝、京东、唯品会等电商平台的商品橱窗；带货方可以是抖音中的每一位用户，他们可以通过开启商品橱窗权限获得带货资格，也可以以中间人的身份实现对商品的宣传和销售；消费者是抖音中的每一位用户，他们可以通过短视频或直播中的购物车链接、带货方的商品橱窗链接购买自己心仪的商品。

重要的是，无论抖音用户是什么样的身份，供货、带货、消费这三种角色都将在抖音这家“百货公司”进行交易，而在交易过程中，抖音平台就可以通过对一些产品抽取相应的服务费完成流量变现。这时，橱窗权限下沉，全民带货模式的优势就会显现出来，繁荣的电商市场、活跃的电商用户、频繁的线上交易，将为抖音带来高额的收益。

相关数据显示，某款不粘锅通过发布抖音短视频，获得了 75 万的新增访客数量，其高达 50% 的佣金比例，也吸引了更多用户参与带货，进而促进新访客数量的急剧增长。根据新增访客占总访客的比例推算，抖音平台仅 KOL 分成就近 100 万元人民币。如果再从抽取服务费角度来看，日销量排行榜第二位的打底裤，单日新增访客数量 42 万，共完成超过 6 万单的交易量，单日交易总金额高达 270 万元人民币，如果抖音平台抽取 5% 的服务费，那么将是 10 余万元的收益，而这只是其中一款产品的收益。

截至目前，抖音短视频带货主要有分享类、种草类、剧情类和测评类。由于短视频的高趣味性和高体验性，使其能够与消费者建立高黏性，提高消费的转化率。相关数据显示，2019 年上半年，中国短视频电商的整体转化率达到了 40%。

全民带货模式的开启，为很多抖音用户提供了商机，他们由此更加热衷于短视频的拍摄。因为如果相关带货短视频能够受到粉丝的喜欢，就能获得更多的点赞量，从而获得参与带货的分成。

在全民带货风潮中，不乏通过短视频的风口，一跃成为抖音网红的抖音用户。这些人在收获大量粉丝的同时，往往也能通过带货进行流量变现。比如，曾在抖音中发布一些在野外寻找食材和烹调食物视频的“野食小哥”，在人气飙升后，也开始带货自己的产品——“抖音牛肉酱”

（见图 7-4）。一名土生土长的东北农民，在抖音上开设了账号“江田古稻”，发布一些自己家庭的趣事。在短短 3 个月内，粉丝数量急剧增长，达到了 103 万，而由他带货的大米，也实现了月销量 1000 单，销售额突破百万元，其淘宝店铺也在 4 个月攀升为 4 钻店铺，复购率达 10% 以上（见图 7-5）。

图 7-4 抖音网红“野食小哥”

随着抖音短视频带货逐渐成熟，短视频电商的影响力进一步得到释放。抖音下调商品橱窗权限，降低了短视频带货的门槛，也促使平台将更多的用户纳入带货体系。同时，抖音用户申请加入“好物联盟”的粉丝数量限制被打破，使电商带货和私域导流变得更为简单，很大程度上挖掘了短视频电商的商业价值。

图 7-5 “江田古稻”抖音账号页面及其商品橱窗界面

4 短视频带货：背靠巨大流量池

在国内电商已经形成淘宝、京东、拼多多三足鼎立之势时，抖音试图从电商巨头的餐桌上分一杯羹。它的底气源于其依靠短视频积聚的巨大流量池，这也是众多电商巨头所缺乏的，而抖音短视频强大的带货能力则是抖音实现流量变现的最大依仗。

在抖音短视频这种新媒体强势崛起的时代变革中，越来越多的网络红人、商家，甚至个人都在通过精心制作的创意带货视频，迅速积累粉丝，实现快速变现和转化。不过，短视频带货如何实现高效转化，是众多电商用户最关心的问题。综观各网络红人和电商新秀的短视频带货，会发现他们的产品存在一些共性，而这些共性就是他们实现高效转化的原因。

1. 富有创意

快节奏的工作和生活难免会让人感到乏味，尤其是对于年轻群体。越来越多的年轻人开始崇尚“好看的皮囊千篇一律，有趣的灵魂万里挑一”的观念，因此富有创意、有趣、好玩儿的产品往往更能受到他们的青睐。也正是基于此，瞬间火爆全网的产品一定具有让人会心一笑的魔力。

比如，曾在抖音火爆一时的珀莱雅“泡泡面膜”。相较于普通面膜，“泡泡面膜”一反常态，敷在脸上一分钟后，面膜开始不断冒泡，并伴随细微的爆裂声，让体验者有一种“将毛孔中的脏东西全吸出来，去除角质，提亮肌肤”的感觉。同时，强大的反差感也使“泡泡面膜”具有极强的趣味性。珀莱雅的这款面膜一经上线，就迅速成为爆款产品。

回顾抖音中火爆一时的产品，比如，妖娆花、小猪佩奇手表、蜘蛛侠车载玩偶、“iPhone X”等，都拥有好玩、有趣这一共性。其中，“iPhone X”作为一款可食用的产品，能够为人们带来意想不到的惊喜。专业的包装内并不是真正的苹果手机，而是一大块巧克力，让人从打开盒子的那一刻，由惊喜到失望，再到忍俊不禁。这种新奇、自带恶搞性质的产品也能够吸引年轻群体的注意，从而轻松成为抖音爆款产品。

2. 高性价比

因自身特性，爆红的产品往往会因为热度下降而失去大众的“宠爱”，而一款产品的性价比才是其维持长久吸引力的重要因素。抖音的官方数据显示，火爆抖音的产品价格一般低于 50 元人民币，而超过半数的易动销产品价格低于 100 元人民币。由此可见，价格偏低的产品对于用户而言，决策成本较低，更容易促使用户产生购买行为。

比如，抖音“正善牛肉哥”推荐的红酒和牛排，“正善牛肉哥”经常将“找到源头，把价格打下来”挂在嘴边，他正是利用了大部分消费者追求高性价比的心理，从带货初期就以低价格吸引了许多用户（见图 7–6）。

图 7–6　抖音“正善牛肉哥”带货的辉煌业绩

他通过与“超级供应链”合作，以低于市场的价格进购红酒和牛排，因此由他带货的红酒和牛排的价格要远远低于其他电商平台。如一瓶红酒的价格往往在 100 元人民币以下，甚至推出限时限量活动，进一步刺激消费。消费者通过相对较低的成本获得较高的成就感，进而促使这款产品迅速成为抖音短视频爆款。当然，如果不顾产品质量盲目压低价格，即使拥有再多流量也无法实现变现。

3. 实用价值

综观抖音的好物榜，其中爆款产品类型占比最多的是有实用性、有价值的产品。比如，掌上自拍杆在充当手机壳的同时还能变形为自拍杆（见图 7-7）。

图 7-7　抖音爆款商品——掌上自拍杆

除此之外，还有磁吸数据线、防偷窥钢化膜、绞肉机、折叠洗菜篮等，这些在日常生活中经常使用的，既能提升生活品质、实用又具有高性价比的产品，都得到了广泛传播。只有具备一定的实用性才能够在众多产品中脱颖而出，成为抖音爆款。

总的来说，短视频带货实现高效转化，需要产品的特性符合大多数短视频用户的喜好，而抖音的用户大多为“90 后”“00 后”的年轻人，他们更喜欢潮流、酷炫、奇特的产品。产品为立足之本，但短视频的内容也不能够忽视，只有凭借有趣、有内涵的视频内容抓住用户，才能进一步推广自己的产品，实现流量变现。比如，“正善牛肉哥”的“西游记模式”的视频内容,“西游记模式”是指大量重复、具有连续剧情的内容,“正善牛肉哥”将红酒的产地介绍、与老板洽谈价格、工厂开工等事件作为短视频内容，一步步为抖音用户揭开红酒的真实面目。

抖音作为电商营销的风口，优秀的短视频能够使产品销量在短时间内呈现出爆发式增长。基于内容创作的电商思路，相较于传统电商能给入驻抖音的电商带来新的机遇。

5 直播带货：不能错过的变现风口

在传统电商流量红利日渐式微，而流量和获客成本上涨、用户沉淀难、粉丝黏性不强等问题逐渐浮出水面时，直播带货的变现模式横空出世。直播带货巧妙地绕开了传统电商所面临的困境，并在各大短视频平台的助力下，成为电商领域不能错过的风口。

一部手机、一名主播、几件商品就能够开启直播带货，简单的变现模式让众多实体店纷纷从线下走到线上，印证了在电商中流传的一句话——“用户在哪里，营销就在哪里”。最早进行直播带货的互联网媒体是淘宝，但显然它并不是一个独立的应用，而是淘宝内部的一项功能。此时，淘宝直播遇到了一个最大的问题——流量积累缓慢，这也是淘宝直播无疾而终的一大因素。随着各大短视频 App 兴起，流量积累已不是问题，而一批依靠直播带货的电商群体逐渐走进大众的视线，并点燃了整个网络。

相较于抖音短视频带货，直播带货会给观众带来更直观的视觉盛宴。一方面，在直播的过程中，主播对所推荐产品的展示和讲解更具针对性和真实性。尤其是对于服装、化妆品等消费频率较高的产品来讲，主播的试穿和试用能将产品效果更好地展现在观众面前，使他们更快地接受主播推荐的产品。另一方面，电商主播、抖音达人、网红明星等具有一定的“明星效应”，能够让自己的粉丝将这份信任转移到所推荐的产品上。当足够多的粉丝或用户被“明星效应”影响而出现消费行为时，直播带货就宣告成功了。

但实际上，对于抖音直播带货而言，虽然其架构极为简单，但是想要做好并实现流量变现却颇为不易。因为在整个直播带货的过程中，产品的选择、直播的氛围、营销的话术都极为考究。

首先，产品。被抖音直播带货的产品种类繁多，无论是吃的，还是用的，甚至是稀奇古怪的产品，都存在一个共性——高性价比。大多数抖音用户倾向于低价格的推荐产品，而高价格的推荐产品对主播的个人能力有更高的要求。无论什么产品，主播都需要掌握产品的相关知识，避免让观众产生含糊其词的印象。

比如，“中国第一代网红”罗永浩开启抖音直播带货，推荐飞利浦智能锁等产品（见图 7-8）。罗永浩在数码科技领域拥有多年的从业经验，而选择飞利浦智能锁进行直播带货则能够进一步巩固其“人设”，而且罗永浩对工匠精神的看法与其推荐产品的工艺原则相契合。从细节上就能够感受到飞利浦智能锁对用户的关怀，如为了让用户获得更舒适的握感，对把手边缘进行了柔和处理等。这次直播带货，飞利浦智能锁的销量也证明了带货主播与产品之间契合度高的优势。

其次，既然是直播，气氛就一定要能感染观众，带动观众购买的情绪。通过带动弹幕的节奏，以及急促的抢购场景，不给粉丝和用户任何犹豫的时间，从而促进销量。比如，李佳琦在直播中的“Oh my god！买它买它买它”等（见图 7-9）。在实体店中，几乎没有店员会这样与自己的客户进行沟通。

图 7-8　罗永浩抖音带货飞利浦智能锁

图 7-9　李佳琦在抖音直播中带动氛围

最后，主播与粉丝和用户的互动也很重要。面对弹幕中的疑问和质疑，主播需要耐心进行讲解。无论是产品本身，还是售后等问题，都要及时给予回复，让粉丝和用户有被重视的感觉，提升双方的信任度。

抖音直播带货的主播在本质上是销售人员，他需要充分了解消费者的心理，掌握客户内心的动向，熟练使用饥饿营销、价格刺激、抓住痛点等营销策略来刺激粉丝和用户购买产品。在直播带货中为观众营造一种紧张气氛：所有人都在抢购，如果现在不购买，以后就再也没有这样的机会了。现实生活中，一些女性消费者群体就极容易因优惠或促销产生冲动型消费，直播带货中的“秒杀”实际上就是将线下的促销手段搬到了线上。直播带货的粉丝和用户基于对主播的信任，加上主播的强烈推荐就很容易产生消费行为，并因“秒杀”获得优惠产品而产生极大的满足感。

随着直播带货的火爆，无论是最开始的直播打赏分成，还是直播销售货物收取佣金，抖音无疑是这场盛宴中最大的赢家。同时，抖音在电商领域的脚步也逐渐趋于平稳，对电商变现更加得心应手。

6 小程序变现：如何化知识为收益

随着抖音商业化进程的加快，各大创作者和品牌对商业变现的要求也越来越高。为了进一步完善自己的商业生态体系，抖音小程序应运而生。毫无疑问，抖音小程序的出现，使直播带货和短视频带货有效避开了页面频繁跳转的尴尬，电商变现流程变得快捷。

抖音强大的带货能力，吸引了大量的潮流品牌入驻，这些品牌将抖音作为宣传平台，进而推动了小程序的飞速发展。抖音小程序的用户数量急剧增长，使其成为抖音平台三大变现方式之外的变现新手段。

众所周知，一个抖音用户要想实现短视频或直播带货，必须具备两个条件：首先，其发布的短视频内容要有足够的吸引力，因为只有在积累一定粉丝数量之后，才能进行短视频、直播带货变现；其次，其塑造的个人形象要与推荐产品具有一定的契合度，如美妆达人推荐化妆品、美食达人推荐美食、运动达人推荐运动器械等。

但这两个看似简单的条件，对于某些积累了大量粉丝的抖音账号来讲，却难如登天。比如，动漫类、影视类、科普类等账号。由于账号属性的关系，基本不能实现直播或短视频带货。如果一个总是讲述历史的抖音账号，突然带货美妆产品或美食，那么难免让人觉得突兀。抖音小程序的出现带给各大抖音用户一种全新的变现方式，也让抖音平台获得了新的盈利手段。

简单来说，小程序变现的流程与短视频带货一致，也是通过短视频，将用户引导进入小程序。其变现方式分为两种：一种是用户在使用小程序时需要付费，抖音按照一定的比例分成；另一种是用户在进入小程序时不需要付费，但需要观看一定时长的广告，抖音抽取部分广告费用。

那些不适合通过商品带货方式变现的知识领域创作者，能够通过知识付费小程序来完成变现。比如，将自身擅长的知识创作，或者优质且具有深度的课程内容上传至小程序，通过短视频挂载小程序获取流量，用课程适用、优惠券等方式提升付费率（见图 7–10）。

图 7–10　抖音平台上的知识领域创作者可挂载小程序进行变现

对于抖音小程序而言，抖音用户可以通过它直接转化虚拟产品，这是一些电商平台中购物车推广功能不具备的优势。比如，一些音乐账号、电影账号、混剪账号等，将这些虚拟测试类产品用于粉丝和流量的转化，使存在抖音矩阵的团队实现快速变现。另外，在某些特殊时期，如春节等物流关闭时期，无论是抖音小店，还是电商平台，线上的商品转化率会呈现明显的下降趋势，但这种虚拟测试类产品依然能够保持一种较为平稳的转化率。

排除某些教育培训课程，大多数人会怀疑心理测评等知识付费小程序没有市场，但是其低消费水平往往能够吸引大量抖音用户参与。抖音小程序变现中曾出现过这样的例子，一名 16 岁的高中生凭借心理测试小程序，以情商为主题，在 3 天时间内，获得了近 60 万元的收益（见图 7-11）。

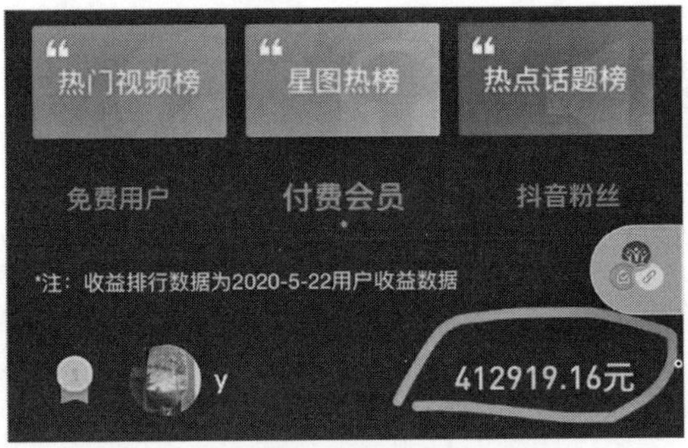

图 7-11　某心理测试小程序超高的变现收益

相较于小程序变现，短视频和直播带货的变现门槛要高得多。短视频带货需要大量启动资金购买付费流量，或者需要花费大量的时间打造一个支撑带货的 IP“人设”。如果想要打造一个迎合市场需求的 IP“人设”，至少要花费 3 ~ 6 个月的时间，加上某些打造失败的账号，用户所付出的时间成本将几倍地增长。对于直播带货，一众明星和网络红人的加入，使抖音的流量分配越发不均。大部分抖音用户被罗永浩等顶流红人带走，而一些普通主播在直播带货过程中，在线观看人数很难突破 1000 人大关。反观小程序的变现门槛则要比其他变现模式低得多。

针对账号类型，抖音小程序为一些文案号、情感号、音乐号提供了变现的可能。甚至是只发布一些心灵鸡汤类内容的账号，只要抓好情绪点，就能够获得一众粉丝，实现流量变现。这类账号的转化率要高于其他泛内容账号。

针对内容，除了最普遍的“鸡汤生意”，能够实现小程序变现的内容大多以混剪的音乐、影视、情感、文案、热点为主。稍微高级一点的，则是以团队为支撑的“人设”打造，但相较于前者，打造“人设”的成本和风险都要高得多。

测评类小程序可以满足大众的普遍需求，是一种高效的变现方式。比如，算命，其在中国流传了几千年，微博、微信公众号等自媒体中都存在它的身影。这也从侧面证明，以测评为主、教育培训课程为辅的抖音小程序，在实现变现的道路上同样是走得通的。

7 直播变现：打赏抽成

直播作为互联网时代最重要的媒体传播方式之一，一直保持着较高的活跃度。同时，直播可以通过送礼物等方式直接实现流量变现，因此直播领域成为各大平台的必争之地。抖音的直播功能作为短视频的辅助玩法，其目的在于更好地服务用户与主播之间的互动，增加二者交流方式的多样性，同时抖音红人直播中的打赏也是抖音平台的一种盈利手段。

网络直播最早由即时通信软件演化而成，唱歌为主要表演内容。随着网络游戏的火爆，一时间，视频直播类平台迅速崛起，并逐渐摸索出以网络游戏为主，才艺展示、影视放映为辅的直播模式。这些平台的主要盈利手段就是直播打赏抽成，当主播收到粉丝的虚拟礼物时，主播和平台就会按照相应的比例进行分成。

抖音的直播功能，在开启直播带货浪潮的同时，也催生出一大批以直播为主的抖音红人，直播内容也与普遍的直播平台一致，以游戏、个人才艺、聊天、美食等为主。观看抖音直播的观众可以通过打赏礼物，为自己喜爱的主播增加人气，礼物分为“棒棒糖”“我觉得 ok”“撩一下”“仙女棒”“Boom”等多种形式（见图 7-12）。其中，“点球”价格最低，为 1 抖币，“男朋友”“女朋友”价格最高，为 233 抖币。抖币是抖音中流通的虚拟货币，也称“抖音音浪”，与人民币的兑换比例为 10∶1。

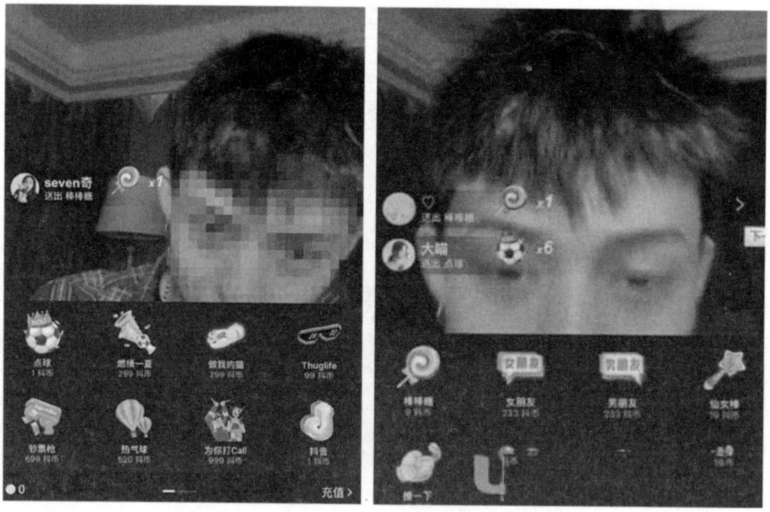

图 7-12　抖音直播中的打赏礼物

抖音用户开通抖音直播后，就可以在直播间中展示自己的才艺，如唱歌、跳舞、画画、弹琴等。当粉丝对其才艺表示认可时，就会打赏礼物，而抖音平台就会通过抽成赚取一定的利润。

比如，有“抖音第一烟嗓”之称的 M 哥，作为一位萌妹子，她拥有与样貌完全不符的嗓音，凭借一首《我的将军啊》而走红，目前拥有超过 2000 万的粉丝。她用自己的歌声征服了一众歌迷粉丝，是抖音上颜值与才华并存的女神之一（见图 7-13）。

图 7-13　有“抖音第一烟嗓”之称的 M 哥短视频截图

手机游戏《刺激战场》的火爆也催生了大批技术流主播，“难言 X 游戏解说”就是其中的一位，他以沉稳的压枪技术，幽默逗趣的直播风格，收获了一大批“迷妹”，目前拥有 300 多万粉丝（见图 7–14）。

图 7–14 技术流主播“难言 X 游戏解说”

除此之外，还有一些全能型主播，如吴佳煜，连麦、唱歌、抽奖、聊天、推荐口红等内容都能在她的直播间看到（见图 7–15）。在直播的过程中，粉丝点赞、留言、礼物刷屏等，也是很普遍的现象。

图 7–15 抖音直播中的一些全能型主播

根据抖音的相关数据，业内人士曾总结出一张抖音某日直播礼物收入排行榜。其中“严谨”以 689 万抖币的收入位列榜首（见图 7–16）。

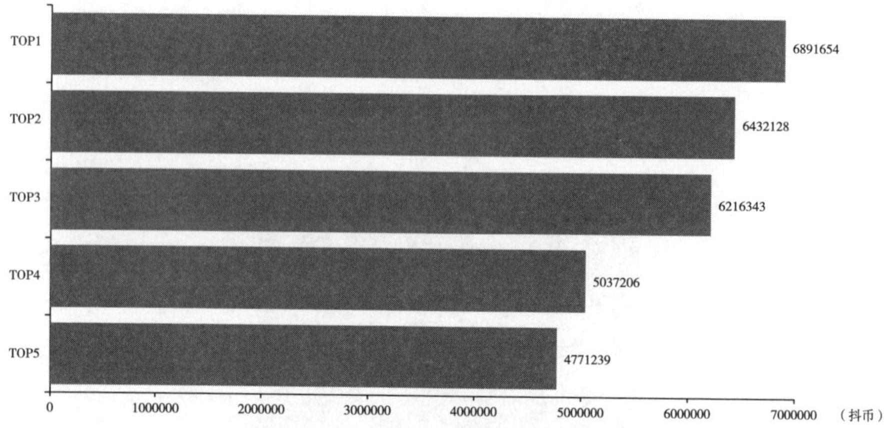

图 7-16　抖音某日直播礼物收入排行榜

随着迪丽热巴、陈赫等一众明星入驻抖音，在其庞大的粉丝群体基础上，明星直播的礼物和打赏极为可观，抖音平台所赚取的利润也更高。比如，罗永浩在抖音直播带货的过程中，他的直播打赏收入就接近 3600 万抖币，折合成人民币大约是 360 万元。这仅仅是其中的一场直播。

不过，抖音的 IP 定位依然是短视频，直播只是顺应时代的潮流，为其电商变现保驾护航。并且，相较于斗鱼、虎牙等专业直播平台，抖音直播的门槛相对较高，直播账号的粉丝数量必须达到 5 万人，而且任意一个视频点赞量须超过 100 人次。这就意味着在抖音上进行直播的账号一般都是拥有一定粉丝数量的达人。

由于抖音拥有一个巨大的流量池，虽然抖音主播的热度远远低于其他专业直播平台主播，但是一旦拥有大 IP 的网络红人开启直播，就会为抖音带来一大笔打赏抽成。

8 星图上线：商家和达人都想入驻的平台

在抖音发展初期，尚未成熟的电商生态体系和零散的红人合作，不足以支撑起抖音的营利重任，而抖音的收入主要集中在开屏广告、信息流广告和定制挑战赛等方面。随着电商生态体系的完善，抖音又将目光转移到网络红人的身上，并联手 MCN 公司推出了红人签约、打造的变现渠道。

随着 MCN 公司的加入，其完整且优秀的团队为推出抖音红人及大量优质营销内容立下了汗马功劳，也为抖音与红人的合作打开了更大的市场。但由于资本的介入，网红与营销内容的频繁产出，导致抖音中的广告商与各大红人合作趋于混乱。长此以往，抖音中的内容管理就成了一大难题，并且广告商的合作对象长期集中在抖音流量红人身上，导致了“前方吃不下，后方没得吃”的尴尬局面。

为了解决这一问题，同时为了开辟出一条新的营利渠道，星图平台应运而生。星图实质上是一个服务于商家、MCN 公司、达人三者的广告接单平台。平台从所接的广告单中抽取分成，完成变现。简单来说，星图就像一个中介，帮助品牌商找到与产品相匹配的达人，帮助达人找到合适的品牌商。

星图平台的目的与微博的“微任务”和快手的“快接单”如出一辙。其一，减少人工审核的成本，规范广告的对接流程，提高审核效率。其二，为品牌商和内容创作者提供一个专业的广告任务对接渠道，完成广告方面更多的 OKR 指标。

微博中的“微任务”（见图 7-17），是新浪官方唯一的任务平台，各大企业可以点击微博后台“微任务”的选项进入平台，从而选择微博账号进行商业推广合作。

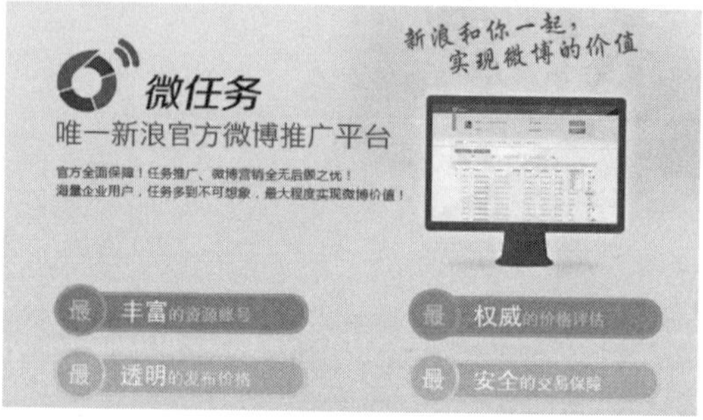

图 7-17　微博中的“微任务”

快手的“快接单”（见图 7-18），是由快手与北京晨钟科技联合推出的一项功能，用户能够在“快接单”中接受商家发布的 App 下载、商品推广等任务，并通过拍摄视频获得相应的收入。

图 7-18　快手的“快接单”

而抖音星图平台则通过订单接收、签约达人管理等多项功能，实现了达人与广告商之间的连接和沟通。星图的上线结束了广告商与达人合作的混乱局面，不仅为各大广告商提供了保障，而且为抖音平台开拓了一条新的获利途径。无论对平台，对达人，还是对广告商，都是获利的结果。星图平台是服务于商家、MCN 公司、达人三者的，为了管理规范，平台制定了相应的规则。对于 MCN 公司入驻星图，抖音需要对其公司资质是否具备合法性、成立时间、签约达人人数三个方面进行审核。其中，公司成立时间需要一年以上，成立时间不足一年的，如果内部达人资源丰富且内容独特，可进行特批。公司签约达人数量不能少于 5 人，并拥有一定数量的粉丝，且拥有为达人服务的运营能力。对于达人入驻星图，粉丝数量为硬性条件。抖音达人入驻，需要满足粉丝数量 10 万以上的条件，西瓜视频和火山端达人入驻则需要满足 5 万以上粉丝数量的条件。除此之外，达人也可通过与 MCN 公司签约，作为 MCN 公司签约达人入驻。对 MCN 公司签约达人入驻没有粉丝数量限制。

除入驻条件外，达人或创作者还需要遵守平台的其他规则。比如，禁止绕开星图平台，私自接单。如果达人或创作者所发布的商业性推广内容未经过星图平台，则会受到扣除积分的处罚。在不定期的考核中，积分低于某一标准的达人或创作者将会被取消入驻星图的权利。

接单完成后，达人不可随意删除推广视频。当抖音、西瓜视频、火山小视频的达人发布商业视频后，在 60 个自然日内，不得主动删除所发布的短视频。当客户出现特殊需求时，双方协商一致后，由客户决定视频留存的时间。

禁止"刷"虚假数据。一些达人在接单之后，为了塑造自己的形象，强化自身影响力，会选择一定的"刷分刷量"操作。这种行为一旦被平台发现，平台会立即取消达人接单的权利，并终止当前的交易，且由达人单方面赔偿广告商的损失。

在诸多规则的约束下，广告商、达人、MCN 公司三者在星图平台的合作，能够保障交易流程的高效和安全。同时，星图向所有满足条件的达人提供接单服务，维护了创作者收益的平等性和稳定性，提高了创作者持续生产优质内容的能力。在保障多方权益的基础上，星图构建了一个健康可持续的抖音营销内容生态体系。

9 发力教育：知识付费新趋势

知识付费最早可以追溯到教育领域，随着信息化时代的到来，知识付费成了互联网流量的一种变现方式。无论是写作、摄影、画画，还是授课、教学、技能培训，只要是与知识相关的事物，几乎都能成为商业的一部分。

知识付费之所以火爆，一方面是人们对不同知识的需求逐渐增加，而教育制度的专业化使获取新知识的渠道受到限制，于是知识付费就成了专业教育的延伸化和社会化。比如，一些平台大力引进优质教师资源，降低了学习新知识的门槛。另一方面是在人才更替频率加快的大环境下，人们的内心被知识焦虑和恐慌所支配。他们多半不清楚自己缺乏哪方面的知识，所以常常会在社会化媒体和内容演绎者的引导下做出选择。

在最早的知识付费领域，以相关内容为主体的平台大致分为四类：在线教育，如沪江网校、新东方、网易云课堂等；知识付费平台，如知乎、分答、喜马拉雅、豆瓣时间、百度问咖等；专业性网站，如 36 氪、雪球、丁香医生等；社交媒体，如微博付费问答、付费阅读、微信付费阅读等。

虽然早在多年以前，一些企业就已经开始在知识付费领域布局，但如今知识付费的市场依然属于“蓝海”。由于互联网的崛起，人们每天接收的信息量要远远多于以往，对知识的需求量和过去相比也不可同日而语。这也就导致了知识付费行业的用户呈爆发式增长，行业规模扩大，热度持续攀升。BAT、B 站等互联网平台看准时机，躬身入局，催生了一大批知识付费平台，各种知识付费产品也相继发布。

抖音、快手等短视频平台自然也不甘人后，纷纷布局教育行业，在泛娱乐的短视频内容中加入了教育话题。相关数据显示，快手平台的教育类短视频的播放量累计高达 2 亿次，日均播放量超过 22 万次，日均点赞量超过 6000 万次。

除了当下教育需求的大环境，短视频发展教育的优势在于平台聚集了大量的流量，且用户群体众多，最远可覆盖到留守儿童、小镇青年等。最重要的原因在于，当下的年轻人不再满足于单向输出的填鸭式教学，反而更容易被一些带有教学性质的趣味性内容所吸引。这也是当下互联网教育的困境，越是高纯度的知识，越难以让人接纳。

抖音等短视频平台所发布的教育类内容，往往能够将高度提纯的内容“段子化”，使之更具趣味性。比如，在入驻抖音平台的厦门大学易中天、华中师范大学戴建业两位老师口中，喜欢“开 party”的曹操、跟着李白“采仙草，找仙人”的杜甫等内容，都让人忍俊不禁。

2020 年新冠肺炎疫情的暴发，将知识付费浪潮推向了顶峰。相关报道指出，在疫情期间，超过 60% 的用户购买了知识付费产品，用户以一二线城市为主，内容以职场技能类为主，超过半数的知识付费产品用户每月的花费高达 2000 元。

在这个不断学习、持续输入为生活常态的时代。抖音中的知识付费，将成为继电商、直播等之后抖音用户实现流量变现的一种新方式。无论是对创作者，还是抖音平台，知识付费都会带来不少的收入。因此，在抖音的大力扶持下，以知识付费为核心内容的创作者层出不穷。

比如，“西安恋爱先生文化传媒”（见图 7-19），一个拥有 80 余万粉丝的情感类账号，它的主要内容是教男生追女生以及和女生谈恋爱的注意事项等。在大多数人眼中，这类内容根本没有市场，但实际上存在这种需求的人有很多，一旦用户添加了他的联系方式，他就可以通过营销自己的知识完成交易。

“名书起名鱼小姐”（见图 7–20）是一个专门教人起名字的账号，如果用户存在需求，就可以向它求助，完成交易。该账号的粉丝数量高达 280 万，她一个月的收入已经突破百万元，是一个非常成功的知识付费案例。

“零基础学英语”（见图 7–21），该账号拥有 110.7 万粉丝，是最普遍的知识付费内容模式。这类账号的特点就是内容专业性强，能够为存在需求的人提供一定的帮助。

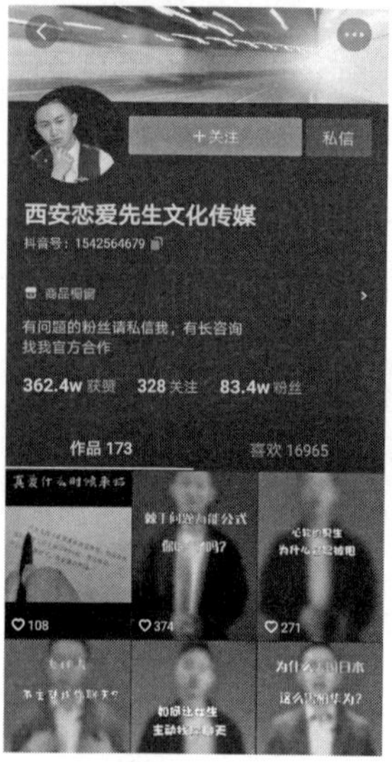

图 7–19　抖音中相关的知识付费账号（1）

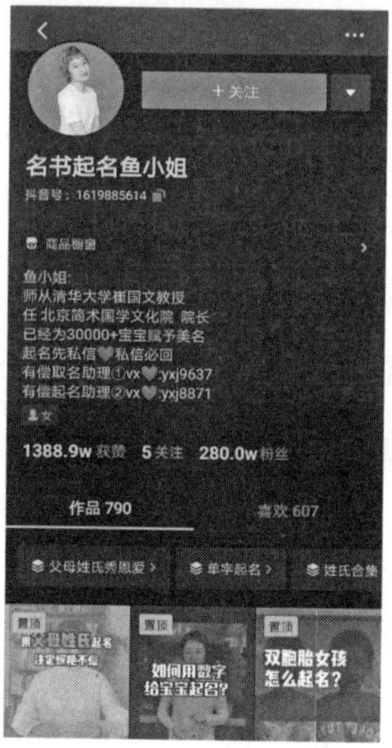

图 7–20　抖音中相关的知识付费账号（2）

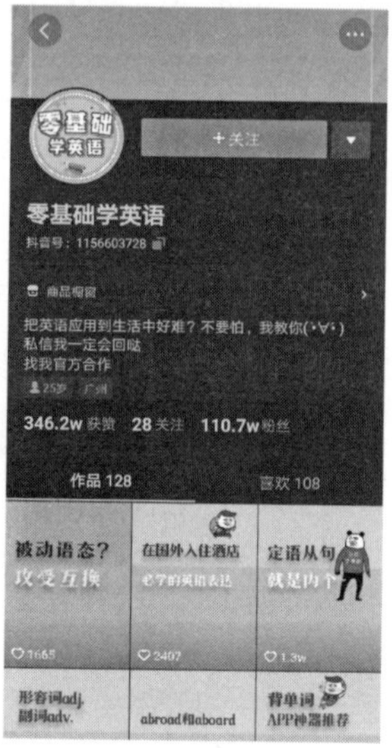

图 7–21　抖音中相关的知识付费账号（3）

总的来说，知识付费打破了原来知识和信息领域的界限，拥有很好的发展前景。在社会竞争激烈的背景下，人们需要不断更新个人技能，这也就促使更多的人存在“害怕被淘汰”的担忧。知识付费的出现，一方面能够满足人们对知识的需求，另一方面能够缓解人们内心的焦虑，促进了知识付费产品持续向上发展的趋势。

第 八 章

活跃期

不断升级，抖音日活跃用户数量的魔性增长

互联网产品唯有快速迭代升级，才能甩开竞争对手，成为创造需求的赢家。在 2019 年不到一年的时间里，抖音就更新了 48 个版本。正是靠着这种神速的自我优化升级和不断满足用户需求，抖音用户量才得以保持着令人咂舌的魔性增长速度。

1 用户细分：满足不同用户的个性需求

抖音在上线之初，以新生代创意短视频 App 为定位，凭借“潮流”“新奇”等短视频拍摄方式，吸引了一大批年轻人的喜爱。随着产品功能逐渐完善，抖音的主体用户年龄段由最初的 18 岁至 24 岁，上升到 25 岁至 30 岁，用户数量有了大幅增长。

综观抖音的全体用户，大致可分为广告商、平台“大 V”、明星网红、分享生活、观看潜水五种类型。他们或者是短视频内容的创作者，或者是消费者，又或者二者皆是。毋庸置疑的是，无论用户扮演了何种角色，抖音都能够通过自身的功能，满足他们的真实需求。

对于广告商而言，其关注的重心一定是平台的商业价值，在品牌宣传、商品推广等过程中做到精准投放，达到最佳的转化效果，为广告商带来良好的口碑等。抖音作为拥有庞大流量的平台，其高曝光度自然是各大商家竞相靠近的根源，而抖音上线的开屏广告、信息流广告、第三平台链接等功能无疑能够更好地满足商家的需求。比如，河狸家在抖音中投放的河狸家 App 广告（见图 8-1）。河狸家最初是一

图 8-1　河狸家在抖音中投放的河狸家 App 广告

家线上美甲平台，后经发展逐渐涉足美睫、美容、理疗、健身、美体、美发、化妆等“泛美业”服务。河狸家所有项目的人群定位为年龄在 25 岁至 35 岁、月收入过万元的中产阶级女性，其目标群体年龄与抖音用户群体基本吻合，这使其在抖音平台的推广更为顺利，转化效果更好。

对于平台“大 V”而言，抖音的价值在于其拥有强大的推荐宣传机制和优秀的商业变现模式。一方面，抖音能够满足“大 V”对增长粉丝、积累流量的需求；另一方面，抖音能够实现“大 V”流量变现的目的。“大 V”往往自带流量，并拥有相对专业的团队进行短视频的拍摄，有专业的团队管理粉丝的运营和维系，“大 V”缺乏的只是提升自身价值的渠道，而抖音的多项功能恰恰能够帮助他们实现这一诉求。

比如，抖音中为数不多的技术流作者之一“黑脸 V”，他以新奇的创意和高超的后期视频剪辑合成技术闻名。由于其高质量的短视频作品，使他并不缺少忠实的粉丝，而只是需要实现粉丝数量的快速增长。抖音所具备的强大流量池无疑会为他提供便利，商业变现模式也能助其获利。

“黑脸 V”目前拥有 2958 万粉丝，视频点赞量共计 1.3 亿次，其广告费用也高达 72 万元。之前他在为 OPPO Find X 拍摄的广告中，也加入了自己的创意，单个视频获得了 89 万次点赞，4.4 万条评论，1.5 万次转发。

除此之外，像陈赫、罗永浩等明星，李佳琦等网络红人也多次选择抖音，进行直播带货，实现流量变现。

对于小众网红来说，他们并没有太大的野心，只是希望能够满足内心被推荐、被关注的欲望。这种类型的用户基本上在抖音中都小有名气，并拥有一定数量的粉丝，他们所拍摄的短视频内容一般围绕既定的主题展开，能够自己“玩梗”“造梗”，只要视频质量足够高，话题足够热，就能够成为爆款视频。抖音强大的拍摄和后期功能，合理的推荐机制，对网红视频质量以及曝光度都有很大的提升；同时，抖音的社交功能也能够帮助他们建立自己的粉丝圈。

比如，抖音中萌宠短视频达人“会说话的刘二豆”。其发布的短视频一般围绕猫咪二豆、主人豆妈、猫咪瓜子，讲述“一家三口”之间的“家庭趣事”。猫咪说话的天赋是通过后期配音添加的，目的是让观众切身体会人与猫之间的搞笑对话。作为萌宠短视频作者的“刘二豆”，其作品不仅经典搞笑，而且经常让观众感同身受。同时，其短视频内容的原创性和独特的风格，也为他俘获了一大批的粉丝。

对于分享生活型用户来说，他们使用抖音的目的仅仅是自娱自乐，拍摄短视频记录自己的生活。这种类型的用户往往趋向于跟风拍摄一些火爆的视频，他们既没有固定的粉丝，视频内容也没有统一的主题，视频质量也是良莠不齐。抖音的快速启动拍摄功能，能够让他们随时随地打开手机记录自己的生活；简单模板化的后期制作功能，能够帮助他们为自己的视频添加一些有趣的元素；便捷的分享和互动的功能，能够使他们在拍摄之余获得一定的成就感。

对于观看潜水型用户来说，他们是整个用户中基数最大的用户群体。他们没有强烈的表达诉求，也没有被关注的欲望。抖音对于他们存在的意义就是打发个人的碎片时间，传递欢乐。不过，抖音的个性化推荐功能无疑能够使他们的使用体验更为舒适。

总之，随着用户的群体扩大，抖音也通过不断升级，调整了自己的原始定位，力求满足各类型用户的不同需求，最终实现了由垂直化向平台化的转变。

2 创作者成长计划：为创作者提供全方位支持

为了向创作者提供更好的环境，2019年8月24日，第一届抖音创作者大会在上海市正式启动。大会宣布推出了“创作者成长计划”。“创作者成长计划”在流量、场景、服务等诸多方面为创作者提供了支持。

在流量支持方面，为了使创作者的流量分配占比更合理、更稳定，抖音对关注流量和本地流量的占比进行了很大程度的优化。这意味着，从未来的某一刻开始，创作者所能获得的粉丝和同城的流量会越来越多。在此基础上，为了帮助他们更好地创作，抖音采取了针对性流量支持的策略，无论是刚刚入驻的新人，还是正处于发展或成熟阶段的创作者，抖音都会根据他们当下的处境，提供不同的流量资源对其进行扶持。

在场景支持方面，抖音进一步开放了视频的权限。在全面开放一分钟视频拍摄权限进行试水后，抖音在“创作者成长计划”中，也逐步开放了15分钟视频的拍摄权限，为各大创作者提供了更为丰富的内容载体。此外，抖音上线了一种视频合集功能，帮助创作者将相关视频进行分类整理到同一合集下，用户在浏览感兴趣视频的同时，也能够通过点击视频进入合集，观看其他相关视频。

在服务支持方面，抖音正式上线了创作者服务中心，提供了数据看板功能。创作者除了能够看到数据分析、认证信息、高级账号、功能聚合等内容，还能够通过数据看板及时掌握作品的反馈，并根据反馈优化作品内容。抖音为了使线上、线下的沟通更为紧密，将建立创作者学院提上了日程，为创作者搭建一个相互学习、相互交流的平台。创作者除了可以观看一些官方政策和教程外，也能够通过该平台解决一些视频制作、账号运营上的问题。

在诸多视频创作者中，抖音对文化教育领域知识型创作者的扶持可谓不遗余力。在抖音官方第一次公布日均播放量超 1 亿次的内容领域中，生活记录类内容占比高达 20%。但在随后的仅半年时间内，抖音中文化教育领域创作者人数激增，粉丝数超过 1 万人的文化教育领域创作者同比增长 330%，大有超越生活记录领域的趋势。厦门大学教授易中天、华中师范大学教授戴建业等较为知名的知识型创作者，在抖音中持续火爆的情况，也成为其他知识型创作者不断入驻抖音的有效助力剂。

在内容创作的诸多领域中，为何文化教育领域独受抖音的青睐？这与抖音内容生态体系长期存在的弊端有直接关系。尽管抖音拥有庞大的日活量，是年轻大众主要的娱乐工具，却也因自身内容饱受媒体诟病。比如，内容逐渐趋于同化，缺乏创新；存在某些易误导未成人的不适当内容；网络红人过分美颜等。同时，抖音给人们带来的即时满足感难以持续，这也是抖音这种以泛娱乐内容为主的平台所面临的最大问题。

对于抖音而言，在稳坐短视频领域第一宝座的同时，一定不会只满足于流量。抖音平台的内容能够得到大众用户的普遍认可并使用户获得较为持久的满足感，是抖音未来努力和发展的目标。相较于同质化严重的泛娱乐内容，知识类内容为用户带来的满足感要持久得多。因此，大力扶持知识型创作者，不仅能够为平台内容注入活力，还能帮助抖音进一步获得用户的认可。

在不断优化创作者平台环境的同时，抖音也将目光聚焦在如何帮助创作者获得更高的收入上。在 2019 年，2200 多万人在抖音的合计收入超过 417 亿元。当时，抖音市场负责人史琼表示，在 2020 年，抖音会投入价值 100 亿元的流量资源，通过流量扶持升级、服务手段完善、变现渠道扩展三个方面，把创作者的合计收入进一步提升至 800 亿元。抖音所拥有的直播、星图、内容导购等多元化变现方式，也证明了抖音完成这一目标数字并不是一句空话。作为连接品牌和创作者的平台，星图上已经聚集了大量的优秀内容创作者，帮助品牌主进行创意性与专业性俱佳的内容营销，同时，创作者也通过这种方式获得了很大的收益。比如，原创手指人物动画作者“王蓝莓”，通过星图，实现月入百万元的目标；萌宠类作者“在下铁头阿彪”，也在入驻星图半年的时间内，就实现了月入 10 万元的目标。

在将来，星图也将进行拓展长视频、直播定制等多样化合作场景的模块升级，创作者可以通过诸多方式展示自己的创作能力，进而获得更多的赚钱机会。

抖音对创作者的重视和扶持，无疑为很多默默无闻的创作者打了一剂强心针，在同类视频泛滥的困境下，抖音的创作者依然拥有走红和获利的机会。恰恰正是这些充满“斗志”的抖音创作者支撑着抖音一步一步走向崛起。

3 抖音火山版：火山小视频和抖音整合升级

当抖音在短视频领域独占鳌头之际，字节跳动决定，对火山小视频和抖音进行品牌升级，将两者的内容逐步融合。准确地说，火山小视频成了抖音的另一个版本——抖音火山版，与抖音极速版并驾齐驱。

两种不同的 App 通过合并，进入市场，扩大网络效应以及发展新的用户场景，是互联网行业中屡见不鲜的现象。比如，2016 年，滴滴、快的、优步中国的合并；2018 年，美团点评收购摩拜等。

由于用户群体的差异，抖音与火山小视频的整合，使抖音在一二线城市的流量与火山小视频在三四线城市的流量相融合，并且，抖音火山版在额外资本补贴的支持下，用户将享受抖音和抖音火山版双重推荐和曝光。这一结果对广告内容创作者而言，是一个非常好的消息。

2016 年上线的火山小视频，是字节跳动最早试水短视频领域的产品，主要布局我国北方地区的三四线城市，其通过借鉴快手集短视频与直播于一体的产品模式，迅速成为东北、华北等地区用户最喜爱的短视频观看和直播平台，日活跃用户数量快速增长。

抖音的上线，意味着短视频领域的两大巨头——抖音与快手开始正式交锋。不过，两者的用户场景和发展路径差别较大，抖音将重心放在了一二线城市，采取“自上而下”的渗透和增长方式；而快手发迹于下沉市场，凭借直播实现用户的积累，以“自下而上”的方式实现产品的渗透。此时的火山小视频更像是在下沉市场掣肘快手的一个工具，由于高相似性，火山小视频通过为用户提供货币奖励鼓励用户进行创作、花费重金“挖”来其他平台的主播以拉动人气等诸多方式，抢占下沉市场的用户资源。

但火山小视频与快手也存在区别，其最大区别就在于，火山小视频一直将三四线城市，甚至更下沉的市场用户群体作为运营对象，从未向上扩散。这也是在抖音、快手等短视频平台逐渐同化时，火山小视频依然能够留存下沉市场的主要原因。

随着抖音的不断发展，其用户数量以及内容多样性，完全能够支撑字节跳动坐上短视频领域的第一把交椅。如此，利用火山小视频对快手进行掣肘已经毫无意义，而且此时抖音与火山小视频在用户方面已经存在很大的重叠。因此，字节跳动没有必要再去维持两个体系，两者合并到一起，不仅能够降低运营成本，还能使火山小视频借助抖音现有的资源去完善自身的社区。

总而言之，两者的整合升级可以看作彼此用户群体互补，得到了一个短视频领域最大的用户群体，这一举措对抖音完成用户人群和场景的完整覆盖，具有很深远的意义。

对于创作者而言，火山小视频和抖音的合并无疑为他们提供了一个覆盖更多用户的平台。在合并之前，创作者既要在抖音中发布短视频，又要到火山小视频上去更新。如今，创作者能够完成两者的同步更新，既减少了工作量，又能更好地帮助自己吸引粉丝的关注。

此外，火山小视频的商业化能力并不出众，合并之后，火山小视频就能够凭借抖音的品牌号召力和吸引力提升自身在广告方面的收益，而抖音也能够借鉴火山小视频直播的经验，完善自己的生态体系，真正做到相辅相成。不得不承认两者的整合升级，能够更好地帮助字节跳动牢牢占据短视频市场。

4 抖音极速版：杀入下沉市场，玩转下沉用户

下沉市场[①]一直是互联网行业的流量宝地，早在2017年，由拼多多、趣头条等组成的互联网“三剑客”率先杀入下沉市场。当主流用户群体还在嘲笑“砍一刀”“双击666”等玩法和内容过于老土时，各大互联网巨头已经嗅到了下沉市场的流量和商机。至此，整个互联网行业开始了新一轮的“下乡运动”。

为了更好地适应下沉市场，各大互联网产品纷纷推出极速版，比如，京东、快手、腾讯视频等。抖音也不愿放弃这个尚未完全开发的巨大流量池，同样推出了抖音极速版，与短视频同类竞品快手在下沉市场一较高下。截至2019年10月，各类极速版产品已经抢占了大约1.3亿用户，增长速度同比增长250%。

下沉市场究竟有何魅力，以至于让众多互联网产品纷至沓来？在互联网用户数量相对稳定的大环境下，流量触顶是所有互联网产品都需要面对的问题。抖音的日活跃用户数量突破5亿之后，抖音所能渗透的用户已经不多了，如果不能引入新的用户流量，抖音也会像爱奇艺和腾讯视频一样，在月活跃用户数量达到6亿之后，用户增长速度基本陷入停

① 下沉市场，一般而言，指的是三线城市以及三线城市以下的城市、乡镇与农村地区的市场。据不完全统计，目前我国下沉市场的消费群体占据全国人口总量的七成左右，消费潜力巨大。

滞，甚至有所下降。

随着下沉市场中人群收入水平和消费理念的不断提高，他们的消费意愿和消费能力也随之增长。当以一线城市人群为用户主体的产品，流量趋于触顶的时候，下沉市场的消费人群将具有很大的营销增长空间。互联网“三剑客”的突出重围就是对其最好的证明。

为了更好地满足下沉市场的用户需求，抖音极速版在抖音原有功能上进行了优化和精简，只保留抖音最核心的功能，让产品的操作界面更为简洁，下载和使用时也更节省流量。同时，抖音极速版增加了“来赚钱，开宝箱”的任务系统，采用了趣头条的网赚方式，用户在初次使用抖音时，会获得 38 元的现金红包，可以通过签到、邀请好友、刷视频等方式获取金币，再将金币提现获得个人收益。在推荐算法上，抖音极速版将健康类、搞笑类、宠物类、情感类内容作为推荐主体，而技巧类、科普类、专业知识类内容要相对较少，避免推荐的短视频使其针对的用户不知所云。

由于下沉市场人群的消费能力一般，大多数人使用的终端设备配置较低，对 App 的其他功能需求性也比较小，如果一款软件的内存过大，就会占据太多的存储空间，影响手机的运行速度，让用户的使用体验变差。针对这种情况，相较于传统抖音 App，一方面抖音极速版 App 的量级和功能十分简单，能够适应配置较低的终端，可以让一些中老年用户以及文化水平不高的用户正常使用；另一方面开宝箱、赚金币等现金激励措施，能够吸引更多的人参与进来。同时，邀请好友、签到、按时开箱等活动又进一步增加了用户的停留时间，增强了用户黏性。另外，由于抖音向电商和社交领域的不断渗透，使其界面中的功能模块繁多且复杂，对于某些只关注原始功能的用户来说，越来越多的功能推荐、消息引导等，都会使他们产生很大的负面情绪。抖音极速版，则撇开了冗余的设计和功能，给用户一种单纯的短视频观看体验，很好地满足了这部分用户的需求。

从推出多闪到上线群聊功能，以及最近的视频通话功能，抖音从来没有放弃向社交版图扩张。这证明抖音从最开始的一款简单的短视频工具，逐渐成为一个包含信息流、电商、直播、社交等领域的多元化综合平台。但是，有些事情往往过犹而不及，一旦抖音上线了太多的功能，就会失去最初短视频的纯粹。所幸抖音极速版的上线，弱化了社交和电商属性，仅凭借最初观看短视频的功能留住用户，以单一的任务系统裂变的方式扩大自己的流量池。

实际上，除了抢占下沉市场和留存仅对短视频功能单一需求的用户外，抖音极速版的上线还有一个极为重要的意义。近几年，官方对短视频平台内容方面的审核力度越来越大，而抖音极速版能够在抖音万一因审查被迫下架时，承担起用户拉新、活跃、留存的功能，避免因应用下架而流失大量的用户。

总之，抖音极速版的推出，既能满足刚需，又能通过红包补贴留存用户，在本质上更像是对抖音这款产品的一种补充，而且从市场反馈来看，抖音极速版的用户质量和用户黏性都远超预期。

5 发布多闪：抖音在社交领域的探索

字节跳动在社交领域的尝试从未停止，早在2019年，字节跳动就发布以短视频聊天为核心的多闪，借助春节活动的余温，发1亿元红包为其造势。但可惜的是，不到半年时间，多闪的日活跃用户数量大幅减少，可谓高开低走。

2019年3月，字节跳动又推出了飞聊。飞聊在上线之初火爆一时，单日下载量突破20万次，之后依然呈现出断崖式下跌趋势，昙花一现。如今，抖音强势进入社交领域，上线视频通话功能，早期不温不火的多闪也被重启，试图打造属于抖音的社交关系链。

为何字节跳动对社交有如此深的执念呢？张一鸣曾公开回应过关于涉足社交领域的初衷：字节跳动在2019年收到了超过20万条的用户反馈，抖音无法通过微信分享链接或发送短视频，成了所有人的吐槽点。

对于字节跳动来说，一方面微信关闭了抖音上的平台登录服务，屏蔽了抖音短视频的链接分享，致使抖音用户的社交需求无法得到满足；另一方面由于社交在互联网行业的特殊地位，所有平台都希望在社交领域分一杯羹。高社交性所带来的私域流量、社交氛围都将使用户黏性和付费意愿变得更强，这就意味着平台将拥有更多的变现空间。

如今，中国互联网社交依然被腾讯系的微信和QQ占据，但各大互联网巨头都没有停止在社交领域的探索，比如，阿里巴巴的“钉钉”、王欣的“马桶MT”、罗永浩的“聊天宝”等。短视频巨头快手，也在“欢脱”和“态赞”之后，推出了“一甜面聊”的熟人社交App。

无论是短视频平台，还是电商平台都会出现社交流量稀少的现象，由于用户的使用习惯，在平台中产生的关系和沟通，最终都将沉淀到微信平台上。因此，所有的社交平台都存在为微信导流的可能。

社交需要优质的内容强化用户的关系和黏性，而内容也需要社交来进行沉淀和维系现有的用户关系。对于大多数平台来说，在吸引年轻人的同时，更要留住年轻人。虽然抖音拥有庞大的年轻群体流量，但仅有优质的短视频内容，是无法满足用户存在的社交需求的。因此，抖音势必要打造一款属于自己的社交App，在原有内容的基础上，加入社交关系链，沉淀用户之间的关系。

多闪在发布之初，其负责人就针对当下的社交状态发表了自己的看法：由于微信的不断发展，朋友圈中的动态逐渐沦为“工作场”，个人的真实生活无法显现的同时，一些亲密关系会被庞大的社交网络稀释，出现了很多没有实质社交的“点赞之交”。当陌生人和熟人混在一起时，用户就会承受更多的社交压力，而多闪的初衷，就是希望用户能够在低社交压力的环境下，做真实的自己，随心所欲地分享生活。

抖音和多闪，是字节跳动产品体系中两个相辅相成的应用软件。已经在短视频领域站稳脚跟的抖音，在移动互联网不断发展的大势之下，也需要不断进行调整和进化，这样才能够更好地满足用户的需求，而多闪的出现无疑会补齐抖音在社交上的短板。因此，抖音就能够在原有的内容和玩法基础上，辅以多闪带来的社交便利，持续挖掘年轻人的喜好，进一步扩大自身的流量池。

6 社区文化：激励交流互动，增强用户黏性

抖音被定位为一款音乐创意短视频社交软件，其内容拥有很强的互动性和社交性，甚至已经形成了一些社区文化。这也是为什么同样的短视频在其他平台没有热度，而在抖音上风生水起的原因。

假如没有了抖音文化，没有了用户的神评论，甚至没有前后承继的主题和情节，即使短视频和网络红人依然存在，也会让人感到索然无味。用户乐意去接受一个内容优秀的短视频，但更愿意参与短视频作品的评论和互动，这就是社交的魅力。

抖音用户对社交的需求，源自内心对交流和互动的渴望。一旦短视频的核心内容让用户产生情感共鸣、引发争议、感染情绪等，就会刺激用户的表达欲望，通过评论来发表自己的观点，在得到他人的反馈之后，会进一步提高人与人之间交流互动的意愿。当用户内心渴望受到更多人的关注时，也会通过评论过程的炫耀、“抖机灵”等方式获得被点赞、被认可、被模仿的满足感。当一则火爆的短视频下存在大量的评论时，一些用户会因从众心理，进行跟随，最终形成具有一定规模的集体化互动，并逐渐演变成一种良好的社区氛围。

然而，这种互动的动机存在一个很大的弊病——脆弱。由于瞬间的情绪波动产生的互动欲望，在没有任何外界实质刺激的驱动下，往往需要在一种比较温和的环境下才能得以维持。也就是说，一旦出现某些不

相关、不合适的内容，就会冲散受内容刺激而产生的交流互动的欲望。比如，违背平台信息安全条例的“黄赌毒”内容、毫无相关性的营销广告、消极否定的言论等。

为了维护良好的社区氛围，抖音在短视频评论区推出了诸多审查机制，用以处理某些不和谐的言论。比如，以安全打击模型和敏感词汇为基础的评论发布限制策略、用户安全信用评级、对信用较低的账号进行人工审核等。总的来说，就是对信用较低的账号进行先审后发，对信用中等或较高的账号进行先发后审，并且对高热度账号和高热度内容进行优先处理。

但是，审核机制的存在难免会挫伤抖音用户的评论积极性。因此，如何平衡信息打击力度和用户评论积极性之间的关系，成了抖音面临的一项新挑战。随着不断摸索与创新性试验，抖音对此采用了几种颇见成效的措施。

（1）需要审核却尚未审核完成的评论，仅发出该评论的用户自己可见。意思是说，某位用户在一个短视频的评论区中发表了自己的评论，该用户能够即刻看到自己的评论内容，但其他用户暂时是看不到他的评论内容的，只有在平台完成内容审核之后，该用户的评论才会对所有用户公开。如果该评论内容不符合平台的内容要求，那么该用户评论在被屏蔽的同时也会被提示言论不当。

（2）利用点赞、置顶、加精、好友评论等，让评论者、看评论者和点赞者都参与其中，使评论区的互动效应最大化。尤其是评论置顶和评论加精[①]，对评论者而言是一种积极的荣誉激励。

社区的本质就是一群人以内容形式做互动交流。除了自身机制外，抖音所打造的强大社区氛围，在社区文化认同、社区身份认同、社区荣誉认同等环节上也做到了极致。在社区文化认同方面，抖音的接头暗号、

① “加精”一词，原是网络论坛术语。在网络论坛中，论坛管理员会将一些精华帖子或受关注的帖子设置为精华帖，这个操作就被称为“加精”。帖子或评论被加精也就代表着帖子或评论的内容形式新颖，观点独特。

社群口号、社区独有的文化标志等都会让用户在众多抖音用户中独树一帜。

抖音的接头暗号和口号源自字节跳动曾经的一款产品——内涵段子。由内涵段子的 KOL 激活了“天王盖地虎，小鸡炖蘑菇”“段友出征，寸草不生”“嘀，嘀嘀！一长两短，招手即停！”的口号和玩法。抖音最早的社区行为和氛围，也并不是抖音用户自行生长出来的，从严格意义上来说都属于“舶来品”。但抖音后期孵化出来的各种套路，促使它们在不断跟随和放大中得到了有效传播。

在社区身份认同方面，抖音用户通过头像、名称等一些标志性特征建立了一个又一个社团。一旦用户在社区中具有了组织，就能获得归属感，这对抖音获得用户黏性来说是一件极具价值的事情，而社区的荣誉认同，使用户感受到来自社区的资源、关注和认可，进一步加深了社区的荣誉感和归属感。

总体来讲，抖音的很多社区互动类内容一般会增加抖音用户的黏性和活跃度，其传播性又能够进一步促进用户增长。这一结果得益于抖音所打造的强大的社区文化。正如一位朋友所言，不管是什么产品，如果没有形成一定意义上的产品文化，那么其真正的崛起就无从谈起，互联网产品尤其如此。

第九章

突破期

砥砺前行，抖音的无边界拓展

在2020年上半年的App下载量排行榜上，抖音的下载量居全球第一，收入居全球第三。但疯狂扩张的TikTok，也在这一年遭遇了前所未有的危机，接连在印度和美国受挫。但张一鸣从来不设边界，就算阻碍重重，也一直在积极拓展。已然崛起的抖音，其未来很不确定，但这正是它的魅力所在。

1 5G 加持：抖音成创业的最大风口

5G 有两个优势：一个是其数据传输速度得到飞速提升，比 4G 网速快 100 倍；另一个是其较低的网络延迟，5G 的响应时间低于 1 毫秒，比 4G 的响应时间快 30~70 倍。这意味着在 5G 网络下，短视频直播的画面更为稳定和快捷，将大大改善用户的观看体验。

毋庸置疑，5G 的到来，会令短视频的发展更加势不可当。在 5G 时代，抖音将成为创业的最大风口。

首先，抖音平台占据了短视频市场的半壁江山，其流量池的巨大不容置疑。互联网时代，哪里有流量，哪里就有商机，一夜爆红、一夜暴富的例子在抖音中也并不是什么天下奇闻，而是比比皆是。比如，代古拉 k、七舅脑爷等网红人物；小黄鸭童装、小猪佩奇手表等网红产品；张家界玻璃桥、重庆洪崖洞、青海天空之境等网红景点；等等。又如，一位名不见经传的女大学生通过一个祛痘膏视频，在抖音上获得了上千万次的播放量和数十万次的点赞，并因此拿到了上百万元的带货分成……

抖音的用户中有各行各业的人士，明星、企业家以及各大领域的专家，更多的是普通大众。他们既是流量，也是将流量转化为利益的人，这在微信和传统的电商时代是无法想象的。小米的创始人雷军曾说，在风口上，猪都能飞起来，而在 5G 的加持下，所有的抖音用户都是站在风口上的人。

其次，抖音拥有其他创业方式无法比拟的优势——没有门槛、没有投资。只需要一部能够拍摄短视频的手机，就有机会将自己推荐出去，开创自己的事业。同时，抖音日益成熟的电商体系也能够为各大创业者提供很强劲的助力。

对于普通人而言，抖音开设的橱窗功能，能够在短视频中加入商品链接，通过优质视频吸引流量、推荐商品完成变现。只要抖音用户购买了商品，就可以获得相应的佣金分成，成为一名月入十几万元甚至上百万元的账号运营者，而且有效避免了投资、囤货等问题。

对于创业者而言，经营一个拥有众多粉丝的抖音账号，就意味着掌握了一个巨大的流量池，无论是引流到线上店铺，还是引流到线下店铺，都是一种颇见成效的营销方式。同时，短视频和直播带货等引流方式也会大大增加营销引流效果。

对于微商创业者而言，抖音是当前最佳的引流渠道，其精准的用户定位和既有流量都将使微商生涯焕发第二春。在5G时代，能够屹立不倒的微商团队，一定是精于短视频和直播的网红团队。

对于传统电商而言，在拥有成熟的电商体系情况下，缺乏的只是流量而已。然而在抖音中，内容即流量，只要发布了优质内容视频，视频就能够被系统自动推送给存在相应需求的人，没有任何流量成本，能够节省一大笔推广费用。

对于实体店老板而言，当实体经济不再景气时，时代的潮流就是再次创业的突破口。西安的摔碗酒、雅安的网红酒店、郑州的答案茶等，都已经为所有人证实，抖音能够为复苏各大实体商业提供一条捷径。比如，一家餐厅在发布关于美食的抖音视频中，只需定位自己的店铺位置，并发布优质的内容吸引用户观看，就能为餐厅实现引流。

对于各大企业而言，抖音的意义在于能够为企业提供更多营销的组件，极大地缩短了企业成交的转化路径。在任何行业，抖音都能够达到营销宣传的目的，同时又提高了品牌的曝光度。

时代的飞速发展，给所有人带来了压力。无论是创业者，还是渴望创业者，都会因信息技术的更迭而感到焦虑，而新时代的短视频将成为一个很好的突破口，传统企业、实体店老板甚至是普通人都能够将抖音变成自己手中的利器，实现短视频的二次创业。

2 疫情之下：抖音下载量世界第一

在新冠肺炎疫情的影响下，各行各业纷纷停工停课，几乎所有人都被“禁足”家中，不得外出。线下营销、娱乐活动被迫叫停，使得“宅”经济蓬勃发展，抖音等短视频、直播在线泛娱乐行业迎来了逆势增长，而抖音在疫情期间的下载量位列谷歌的 Google Play 和苹果的 App Store 榜首，总下载量 1.04 亿次。

随着各大行业复工、复课需求的出现，抖音直播成为满足这一需求的最佳方式。疫情之下，商家们开始以直播带货的方式进行自救，线下零售店铺、百货商场档口等纷纷在抖音开播。

株洲王府井百货率先入驻“抖音小店”，尝试直播带货。当日，10 余家零售商家在株洲王府井抖音官方账号上进行连续不间断的专场直播。在 11 小时中，观看人数突破 83 万，销售总额高达 240 万元人民币。

广州十三行服装批发街的档口老板娘“新小晴”，则联合 10 家档口老板，将店铺搬进了抖音直播间，直播带货风衣、衬衫、女鞋等服装。仅一日，销售服装单品 6000 余件，单日销售额高达 122 万元人民币。

除了线下零售，汽车、房产等销售行业也逐渐在抖音直播的热潮下回暖。一位汽车 4S 店总经理就曾凭借一场线上看车的直播预售活动吸引了 9 名客户订车。

与此同时，抖音推出“宅家云逛街”“产品带商家扶持”等多项举措，助力各大中小型企业复工复产。符合相关条件的商家能够“零门槛”开启抖音直播，在最短时间内实现线上渠道售卖。

各地政府工作人员也不甘示弱，纷纷加入直播队伍，推荐当地特色农副产品，解决疫情期间农副产品滞销问题。抖音则联合各地县长和平台美食达人，使县长变身“带货达人”，开启“战‘疫’助农”新模式。其间，周至县副县长王硕向网友推荐了猕猴桃；虎林市委副书记韩冬云向网友推荐了神顶峰黑蜂雪蜜；等等。

在疫情影响下，直播也成为学生在家学习的新方式。相关数据显示，抖音教育类直播涵盖了职业培训、语言、艺考、高考等诸多领域，疫情期间，教育类直播的观看次数增长 550%。据不完全统计，全国超过几十家学校在抖音上开放了线上授课，其中包括北京大学、清华大学等众多名牌高校。

对比以往，传统的文化内容也开始在抖音直播间焕发生命力。数据显示，疫情期间，传统文化领域在抖音开播的人数同比增长 82%，相关直播观看人数同比增长 129%。抖音也特意推出“在家云游博物馆”的活动，以短视频和直播的方式展示全国博物馆的竞品馆藏。

为了丰富抖音用户的精神生活，抖音先后推出了“云赏樱”“卧室演唱会”等活动。其中，在抖音联合央视新闻推出的“云赏樱”活动中，武汉大学的一场赏樱直播吸引了数十万网友在线观看。

疫情作为每个人都关注的话题，信息遍布全网，而短视频平台也逐渐成了人们进行疫情查询和咨询的渠道。无论是疫情实时追踪、个人防护知识的科普，还是各地门诊的信息汇集，都能够在第一时间从抖音上进入人们的视线。

在疫情期间，一些抖音短视频用户开始从旁观者走向创作者。被迫宅在家中，让很多用户开始使用短视频记录生活，而短视频的娱乐方式也越来越接近大众化、全民化。抖音中的热门话题逐渐变成了“在家旅游”，比如一家人从卧室游览到厨房的视频异常火爆。还有“宅家菜谱”，如做凉皮、炸油条、用电饭煲做蛋糕等内容，都备受用户关注，用户参与热情极高。

相关数据显示，在2020年春节期间，抖音中超过200万个视频主题与“不出门”相关，而“在家旅游”“在家做饭”等话题视频，在抖音中的播放量甚至达到数十亿次。

疫情期间，无论是各行各业的复工，还是宅家生活的乐趣，抖音都起到了不容忽视的作用，这也使抖音的下载量有了一个质的提升。

3 人事变更：张一鸣亲自下场，奋战海外一线

在字节跳动成立 8 周年之际，张一鸣在全员内部信中宣布，将字节跳动组织全面升级，而他则从中国管理高层中抽身，亲自下场，将更多的时间和精力投入欧洲和其他市场，并完善字节跳动的全球管理团队。

在这次高层职位变动中，公司原高级副总裁张利东出任字节跳动（中国）董事长，全权负责字节跳动在中国区的管理，包括战略、商业化、战略合作伙伴建设等。抖音原 CEO 张楠出任字节跳动（中国）CEO，负责字节跳动在中国的产品、运营、市场和内容合作等。

张利东于 2013 年加入字节跳动，担任高级副总裁，负责商业化相关业务。字节跳动所推出的火山小视频、西瓜视频、“懂车帝”等一系列产品的变现，都在张利东的业务范围内。

张楠则是字节跳动头条系的一员大将。在互联网行业，如果说一家企业拥有一名优秀的产品经理，那就意味着这家企业已经成功了一半。百度的产品经理俞军就是一个很好的例子，百度在他的主导下，推出的搜索引擎、百度知道、百度贴吧等系列产品，使百度在与谷歌的鏖战中取得了胜利。张楠也不遑多让，自担任抖音 CEO 职务后，短短几年间就使抖音在竞争激烈的短视频市场中脱颖而出，塑造了一个新的行业神话。

毫无疑问，张利东和张楠都是在字节跳动公司内部成长起来的成熟管理者。此次人事变动，对适应字节跳动全球化业务发展，加强中国业

务的团队建设，提升管理效率有着十分重要的作用。将中国的业务交给张利东和张楠二人后，张一鸣也能够全身心地投入海外市场，聚焦于更大的挑战——建立一个全球化、多元化的超级企业。

无论是张利东、张楠的上位，还是张一鸣的强势出海，这一场人事变动，都证明了字节跳动始终怀揣一颗“不安分”的心。当企业在发展的过程中尤其是在对企业发展影响深远的领域中遇到挫折时，大部分企业都会选择暂时搁置的方式，但这种方式显然并不会被字节跳动接纳。一些外界人士曾对此次人事变动做出猜测，他们认为字节跳动也许会在未来采用更为迂回的策略，来进一步实现业务疆域的拓展。

除字节跳动内部高管变动外，张一鸣在公开信中所发布的内容更加引人瞩目。张一鸣表示，自己在接下来的时间里，要格外关注“研究如何更好地改进超大型全球化企业的管理”“研究科技公司如何创造更多的社会价值”“思考和规划教育等新的战略方向”这三个问题。

不得不承认，字节跳动无论是在国内，还是在海外，都一时风头无两。相关机构调查发现，从字节跳动早期布局新闻资讯，到杀入短视频、直播市场，最后涉及教育、在线办公等领域，字节跳动的海外业务其实一直在复制国内的经验，甚至先一步进行了转化。

其中，TikTok 的异军突起，为字节跳动直接打开了海外的市场，将字节跳动“抬至”出海成功的国际互联网企业前列。截至目前，在全球热门移动应用中，TikTok 的下载量在排行榜内稳稳占据一席，依然是全世界最受欢迎的应用之一，甚至对欧美乐坛产生了很大的影响。

在出海早期，字节跳动海外布局的中心一直为内容资讯。比如，2015 年，上线海外版今日头条 TopBuzz；2016 年，收购的新闻推荐阅读平台 BABE；2017 年，收购全球移动新闻服务运营商 News Republic。至此，字节跳动的内容资讯业务已经覆盖了北美、东南亚等核心海外市场。

在抖音短视频取得成功之后，字节跳动也顺势开启了短视频领域的海外扩张计划，在 2017 年上线了 TikTok、火山小视频海外版 Vigo

Video 等，在 2018 年，字节跳动又针对印度市场推出了本地语短视频应用 Helo。

目前，字节跳动旗下的今日头条、抖音、火山小视频、西瓜视频等核心产品为大众所熟知，同时其还在垂直领域进行了布局，且在海外市场布局非常成功。2020 年，字节跳动更是以 5600 亿元的估值蝉联全球第二大“独角兽企业”。

但随着字节跳动的急速海外扩张，其在全球范围内的业务发展也出现了诸多困难。

张一鸣的亲自下场，处理诸如 TikTok 等所面临的海外监管所带来的问题，对字节跳动的海外业务来说，无疑是一剂强心针。也可以这么说，字节跳动对海外市场的期待，值得创始人再一次奋斗在一线。

4 盈利探索：TikTok 商业化加载中……

随着海外版抖音 TikTok 在全球范围内的火热，其也将开启全球商业化时代。TikTok 在早期一直处于内容创作、红人营销等用户储备阶段，当 TikTok 在海外站稳脚跟后，就要进行相应的商业化拓展，实现流量变现。

相较于 Facebook、YouTube 等平台，TikTok 的优势在于用户年龄层差距较小，以 20 岁左右的年轻群体为主，而 Facebook 等平台的用户年龄纬度要更广一些，大部分用户的年龄要偏高。由于用户群体趋于年轻化，所以 TikTok 使用各种方式进行流量变现比较容易。

平台搜索机制和内容方向的不同，也是 TikTok 开启商业化的一大优势，YouTube 平台的视频内容倾向于较长的情景故事或户外拓展等，而 TikTok 的内容以精简、语言鲜明等风格为主，在穿插广告的过程中不会显得太过突兀。

相关数据显示，TikTok 已经授权了 10 余家代理商，以 Facebook 和谷歌的合作代理商为主，进行关于广告竞价、消耗、效果等方面的合作。

国内抖音的商业化进程，为 TikTok 开启全球商业化时代提供了宝贵的经验。截至目前，TikTok 的商业化依然以广告为主，其广告类型分为挑战赛广告、开屏广告和信息流广告三种。

挑战赛广告，即发起一个话题，参与者录制视频挑战，分为普通挑战赛、超级挑战赛、全球挑战赛。超级挑战赛会在普通挑战赛的基础上增加一些功能，比如品牌馆等；全球挑战赛则会邀请一些网红来演绎品牌，凸显产品特点，吸引粉丝用户。各大商家可以达成合作来提高营销效率，降低宣传成本。同时，TikTok 支持参与挑战赛的用户自主选择语种、绑定贴纸和自动匹配。

比如，梅西百货与 TikTok 联合推出了一项视频挑战，与 All Brand New 的开学广告宣传活动相关联。在活动过程中，TikTok 也发布了一则电视广告，并将其融入了 NBC 环球的原创节目《死亡女孩侦探社》；TikTok 还为一家墨西哥烧烤快餐店制作了“掀瓶盖”等挑战，让 TikTok 的用户参与用墨西哥卷饼表演掀瓶盖。相关数据显示，在为期一周的活动中，墨西哥烧烤快餐店一共获得了大约 11 万份的挑战申请。

开屏广告是一种按照 CPT 形式的广告形式。广告主可以享受固有的开屏形式来展示产品，全屏视觉冲击，支持 3 秒左右的静态图文广告和 5 秒以内的视频广告，用户通过触摸即可进入广告主落地页或站内页面。但这类广告一天只有一位广告主，更适用于追求大曝光度的品牌，比如，汽车、影视娱乐、手机、电脑等产品类广告。

信息流广告，即原生视频广告。信息流广告会出现 TikTok 的视频信息流中，并更根据目标人群的画像进行投放，也可以通过设定关键词，来缩小潜在用户的范围。信息流广告的展现形式为最长 60 秒的全屏广告，可跳转至广告主落地页、站内页面和下载页，并实现用户与商家的互动，完成引流。信息流广告的效果偏向于导流，以 App、游戏类广告投放居多。

TikTok 诸多形式的广告付费方式都是按照 CPM 或 CPA 进行收费，是一个纯广告型的业务。一些知名平台，如 Facebook、谷歌等，其广告形式也开始向 TikTok 这种内容、信息流广告靠拢。这就意味着在 TikTok 的商业化进程中，广告变现带来的效果颇为不俗。

但是，由于受到 TikTok 商业化系统的限制，TikTok 的广告承接方式，极为传统和死板。一些打算投放广告的品牌商，经常会因为TikTok 内部烦琐且漫长的审核流程而止步。与此同时，一些业内人士也表示，TikTok 的广告投放缺乏相应的透明度和数据分析，这些因素都是 TikTok 开启商业化时代的弊端。

为了解决这一困扰，TikTok 上线了“自助式投放下单”系统，不仅能够帮助品牌商精准地触及理想的用户群，而且可以很好地处理因流程烦琐而损失品牌商客户的问题。

在国内抖音电商模式如火如荼地进行时，TikTok 也将复制国内验证过的流量变现方式，涉足电商领域。对于 TikTok 而言，目前相对稳定的市场为美国、日本和印度，而中东、巴西和欧洲等地区也将成为TikTok 的新流量来源地。其中，美国作为最初的尝试地点，TikTok在美国市场进行了电商小店测试，使多名顶尖内容创作者，将商品的链接加入分享的短视频中。这一测试会为电商行业带来一定的触动，使TikTok 成为跨境电商的一个新流量入口。

然而，从当前的电商形式来看，TikTok 的电商功能尚未完善，比如物流、支付等方面依然不成熟。但是，从 TikTok 的发展势头来看，TikTok 的电商转化效率要比 Facebook 等老牌互联网平台更高。

5 诸神围剿：审查危机，抖音如何化解

抖音自出海以来，热度不断攀升，在苹果 App Store 和谷歌 Play 中的下载量超越 Facebook，成为海外最受欢迎的 App 之一。然而，抖音在海外的处境却并不安逸，相关国家及其地方政府对 TikTok 的审查和封禁一直不断。

2019 年，美国政府以“国家安全风险”为借口，对抖音进行审查并试图封禁这款产品。严格来说，这并不是美国政府的第一次发难，相较以往，此次抖音所面临的危机要困难得多。美国国务卿无中生有，率先提议封禁抖音以保障信息安全。随后，美国联邦贸易委员会（CFIUS）和司法部一同介入，针对抖音是否违反儿童隐私保护协议进行调查。

美国联邦贸易委员会是美国审查外国投资的机构，有权禁止和叫停任何一项在美国进行的外国投资案。由于早期的审批政策缘故，CFIUS 可以根据相关规定和法律，要求抖音撤销收购或卖给美国部分。虽然字节跳动在收购 Musical.ly 公司的流程中存在漏洞，但此次审查危机的出现与美国政客的推波助澜脱不开关系。

美国的议员马可・卢比奥公开表示，任何一家中国公司拥有的承载美国人数据的平台，都可能对美国构成威胁。参议院党领袖查克・舒默在给美国情报局局长的信中，以抖音收集用户数据和针对推送内容为由，要求他对抖音进行安全调查。甚至某些政客怀疑抖音可能会成为海外政

治宣传的媒介，影响美国总统大选等。

其实，字节跳动在审查危机出现之前，就已经嗅到了危险。当美国国会对抖音的用户数据安全提出质疑时，字节跳动就开始自剪羽翼，如采取将服务器全部存于海外、相关业务交由本土职员团队管理、禁止中国员工访问海外抖音的代码库等诸多措施，来消除美国国会的戒心，但这并没有让 CFIUS 放弃审查举措。从行业角度来看，CFIUS 对中国信息科技项目的审查尤为重视和严苛，不仅仅是抖音，华为也曾因 CFIUS 的种种条例而放弃对美国 3Com 网络公司的收购计划，对摩托罗拉的投标也是如此。

由于抖音在年轻群体中颇受欢迎，各大国家政府对抖音的审查已经不是第一次了。早在抖音进入印度市场时，印度金奈高等法院就曾以“鼓励色情，对儿童有害”为由，要求印度政府对其下达禁令，并限制各大媒体转播抖音的使用教程。此举导致抖音在印度区的苹果 App Store 和谷歌 Play 中全面下架，而抖音当即对平台内容进行了大规模的审查，删除了 600 多万条违反使用条款和社区准则的视频，并承诺引用新的技术和强化审核流程。几经周转，抖音耗费了大量的财力和人力，才在印度重新上线，但抖音并没有因此高枕无忧，印度即将出台的社交媒体监管法又将抖音列为重点观察对象。除此之外，英国在拒绝华为 5G 设备之后，迫使抖音放弃了将非中国业务的总部设立在伦敦的计划；澳大利亚政府也以“怀疑抖音存在数字隐私方面的风险”为由，对抖音进行仔细审查。

对于抖音的此次审查危机，各大媒体纷纷给出了自己的看法。《华尔街日报》表示，虽然抖音在全球范围内积极寻找设立总部的地点，包括新加坡、伦敦、柏林等地，将美国的所有城市排除在外，但只有将抖音海外总部与中国总部完全独立出来，才能彻底避免“信息安全威胁论”的出现。《环球时报》则认为，美国国会对中国信息技术项目的判断太极端，之前美国就曾以断供零部件的方式来阻止华为扩张，不惜以伤敌一千自损八百的手段打击竞争者。如今又将枪口对准抖音，这种行为会不断阻碍自由市场经济的发展，是一种极端的保护主义。

业内人士分析，如果字节跳动想要度过这次危机，最见成效的方法就是剥离抖音与 Musical.ly 公司相关的资产，就如同中国游戏公司北京昆仑万维科技有限公司，在面对美国的国家安全担忧时，采取出售其美国约会应用软件 Grindr 的方式解决问题。不过对字节跳动而言，这种处理方式会严重损伤自身根本。除此之外，字节跳动能做的并不多，只能是建立好所有的政策防御，并在完全符合所在国法律的前提下，提供合法的服务，不给对方指证的机会。

通过这次风波，对抖音的关注度不仅停留在监管机构和媒体上，大部分海外用户也开始考虑是否继续使用抖音。这就意味着，无论抖音如何度过这次危机，它在海外受欢迎的程度都会受到一定程度的影响。如今，抖音不仅需要赢得监管机构的信任，而且需要重新赢得用户甚至用户监护人的信任。不过，抖音最近在美国测试的电商功能，能够为各大零售商提供一种新的营销方式，这也许能够成为抖音留住用户的一项有效措施。

如果字节跳动想要保持抖音在海外的成绩，就需要妥善处理这些审查危机，甚至撕掉身上的“中国品牌”标签。无论如何，这都将是一场旷日持久的战役。

“木秀于林，风必摧之。”深具崛起之势的抖音，此时如高耸入云的参天大树一般，其承受的“风力”是我们常人所不能感同身受的。也许，此阶段，才是抖音以及字节跳动是否能真正崛起的十字路口。

6 竞品崛起：TikTok 与字节跳动如何应对

在 TikTok 风头正劲之时，同类型竞品相继崛起，试图与之在音乐视频平台领域分庭抗礼。尤其是在 TikTok 遭受相关国家政府审查之际，TikTok 的竞争对手敏锐地意识到 TikTok 容易受各种因素影响而遭受相关审查的“软肋”，趁机推出了与 TikTok 风格相似的音乐短视频平台，大有取而代之的意味。

早在审查事件出现之前，短视频音乐平台 Triller，就在公开报道中明确表示，其目标就是超越竞争对手 TikTok。同时，TikTok 当下所暴露的软肋也成为 Triller 所营销的点，针对政治审查，Triller 的创始人毫不客气地将双方的竞争关系上升到政治层面。Triller 的创始人表示，Triller 作为一家美国公司，其责任就是致力于大众社区免受其他党派或政治议程的窥视，显然自己的竞争对手并没有做到这一点。

针对版权问题，Triller 也相继与三大唱片公司签订协议，同时，索尼音乐娱乐公司、华纳音乐集团和环球音乐集团也都获得了 Triller 的相应股份。Triller 的 CEO 表示，Triller 和 TikTok 虽然同为音乐视频平台，但两者的区别在于 Triller 更倾向于与唱片公司的艺人、创作者进行合作，帮助推广对方的音乐和作品。

虽然目前 Triller 的用户数量和应用商店下载量远不及 TikTok，但其所拥有的政治优势和版权内容恰恰是 TikTok 所不具备的。在完成

B 轮融资之后，Triller 的估值高达 1.3 亿美元，拥有超过 1300 万的月活跃用户和 6000 万次应用商店总下载量。

图 9-1　美国时任总统特朗普入驻 Triller

美国时任总统特朗普的入驻，无疑又为 Triller 增添了一波热度。特朗普在 Triller 上开通了自己的认证账号，并发布了一些内容，号召美国民众去关注，疑似将其作为竞选的新宣传平台（见图 9-1）。

TikTok 的审查风波之后，“第二个抖音”Likee 横扫全美，在 6 个月的时间内，其应用商店的安装量高达 725 万次，远超排名第二的 Triller。其实，早在 TikTok 遭遇审查之前，Likee 就长期占据美国短视频 App 排行榜第二位（见图 9-2）。

图 9-2　Likee 应用程序界面

作为 TikTok 的老对手，YouTube 也宣布即将推出短视频功能，为其命名为“Shorts”，并作为独立的短视频 App 上线，依托 YouTube 平台，享受其海量曲库作为背景音乐的便利性。各大海外媒体也纷纷表示，Shorts 是美国硅谷科技公司为遏止 TikTok 一家独大，所做出的最大努力。

除了 Shorts 之外，拥有强大的背景的 Quibi 也正式上线，以最多的资本、最优秀的制作团队为依靠，立志打造全球最耐看的短视频内容。

随着 Shorts 和 Quibi 入局，短视频平台市场之争成了全球各大媒体的关注重点。曾经一路高歌猛进的 TikTok，无疑成了这场白热化战争中所有竞争对手枪口下的目标。

在全球主流媒体混战之际，美国的本土照片分享应用程序 Snapchat 也打算从短视频市场中分一杯羹，在其推出为视频添加音乐的功能后，就与 TikTok 极为相似，并真的从 TikTok 的用户中带走了一些极具活力和创造力的用户。但是，Snapchat 却并不想成为 TikTok 的替代品，在短视频原有技术的基础上，Snapchat 设计了新的呈现方式：当用户将视频上滑时，就能够获得这首歌的名称和歌手信息。然而，这种锦上添花的功能并没有使 Snapchat 脱离 TikTok 的影子（见图 9-3）。

图 9-3　Snapchat 应用程序界面

细数“山寨版”TikTok，Snapchat 不是第一个，也不会是最后一个。Facebook 早在 2018 年就在美国和拉丁美洲地区上线了“山寨版”TikTok——Lasso，用户定位依然为青少年群体，其本质与 TikTok 并无太大差异，唯一的区别在于 Lasso 的短视频能够与 Facebook 相关联。然而，由于 Lasso 的高仿性，Facebook 推出的这款应用并没有在市场上激起太大的水花。

趁着 TikTok 被美国官方抵制时，Facebook 开始毫无下限地采取各种手段抢占 TikTok 的市场。不仅 Facebook 的高管公开污蔑中国科技公司抄袭，其旗下的 Instagram 也趁机在美国、英国、法国等多个国家推出了第二个“山寨版”TikTok——Reels（见图 9-4）。

图 9-4　TikTok 与 Reels 界面对比

一些知情人士爆料，Instagram 为了吸引更多的 TikTok 创作者加入 Reels，不惜投下重金，对那些拥有百万粉丝的 TikTok 创作者提供经济奖励，其费用高达数十万美元。

这种毫不掩饰的抄袭行为，甚至连美国本土的媒体都看不下去了。美国有线电视新闻网就在报道中毫不客气地抨击 Reels 就是一个“山寨版”的 TikTok。

不得不承认，相较于 Facebook、YouTube 等本土作战的平台，TikTok 的劣势尤为明显。随着 TikTok 的火爆，其短视频背景音乐的使用是否获得相关音乐人的许可成了 TikTok 的最大问题。这些长期处于灰色地带而未能解决的问题，既是 TikTok 的海外发展的弊端，也是其饱受各大竞争对手诟病的点。

因此，在面对不断崛起的同类型竞品时，如何在已有市场中实现与竞争对手的差异化、进一步抢占新市场、与相关娱乐行业进行合作，是 TikTok 在接下来的发展中需要着重考虑的三个问题。

7 上市计划：字节跳动最好的时机是否已经到来

众所周知，企业上市一方面能够为企业提供充足的资本金或现金流，用以企业的战略转型或扩大再生产；另一方面上市企业所获得的媒体关注度要远远大于私人企业，因而上市对扩大企业知名度，提高企业的市场地位和影响力有着不容忽视的作用。关于抖音母公司字节跳动是否计划上市，坊间关于拟上市的传闻层出不穷，而字节跳动官方对此类消息也进行了多次否定。

为何字节跳动的上市计划备受关注？其根源在于字节跳动近几年持续增长的结果令人瞩目，所有人对它今后的发展充满了兴趣。

字节跳动成立于 2012 年，先后推出了今日头条、抖音、西瓜视频等诸多产品，在中国的互联网领域争得了一席之地，而抖音的出海又进一步扩大了字节跳动的版图。2020 年的相关报道显示，字节跳动的市场估值已经高达 1400 亿美元，有望成为比肩 BAT 的互联网新巨头。按照当下的增长速度，字节跳动的收入规模将超越百度，成为继阿里巴巴和腾讯之后，中国互联网市场第三个市值过千亿美元的企业。

那字节跳动究竟能不能上市呢？在如今的市场上，企业上市需要具备以下三个条件：其一，商业模式相对成熟，并拥有清晰的营利模式；其二，企业需要拥有一定的规模；其三，投资人所投入的基金即将到期，需要为他们的退出设置赎回机制。

客观来说，字节跳动的商业模式已经足够成熟，广告投放、收费订阅、提供渠道获得利润分成、电子商务、游戏等营利方式颇见成效，且营利模式十分清晰。同时，字节跳动旗下的产品，仅今日头条和抖音，就拥有足够令大多数公司羡慕的规模。由此可见，字节跳动已然具备上市的条件。

然而，新冠肺炎疫情的暴发却使字节跳动暴露了自己的短板。字节跳动的高估值与当下的市场环境脱不开关系，其实在这个时间节点，众多科技公司的市场都在不停地刷新着纪录。比如，美团、京东和拼多多的涨幅也曾分别高达226%、148%、414%，蚂蚁金服则以2000亿美元的估值再次刷新了互联网公司的排名。

当字节跳动的估值突破1000亿美元时，一些投资机构认为这项数据依然存在提升的空间，他们对估值的乐观来自字节跳动营收增长的预期。结合近几年营收增长的速率，他们认为字节跳动将很快实现2000亿美元的营收。但事实上，在疫情的影响下，全球互联网广告市场受挫，字节跳动不仅很难完成这一目标，还可能会暴露出自身过于依赖广告收入的结构缺陷。相关调查报告显示，全球广告客户支出比先前估计的减少了203亿美元，而且对中国广告支出的增长预期也从11%降到了8%。

不得不承认，疫情确实让抖音、TikTok等短视频软件的用户活跃度飞速增长，但流量增长未必能够带来相应的收入增长，尤其是在抖音等产品的业绩和营收已经触及天花板的情况下。在虚假繁荣的背后，广告营销低迷的状态可能会持续一整年，而这也是字节跳动上市所面临的外部困境。

为此，字节跳动也做出了相应的调整，将目光转移到了教育、游戏等领域。在教育领域，字节跳动收购了相关的线下培训机构，搭建了一个区域化网校，并推出了自己的教育产品“瓜瓜龙英语”；在游戏上，字节跳动成立了新的游戏公司，开发了《全民漂移》《音乐球球》《我飞刀玩得贼6》等十余款小游戏。同时，在影视、搜索、办公、云计算等领域，字节跳动也开始了进一步的尝试。

除了外部困境外，内部威胁也是当前字节跳动所需要面临的问题。一个单纯依靠流量内容的产品从成长到成熟，再到衰败的时间周期很短，而字节跳动恰恰就是这样一个内容公司。一般来说，爆款产品走向衰败的迹象，体现在原创内容质量和比例下降、社区文化弱化或流失两个方面，而这两个方面又共同作用在用户的黏性和收入的失衡上。各种粗糙的信息流广告不断将用户引导进垃圾小说、卖茶叶的熟妇、贩卖减肥药的健康导师等页面，持续消耗着用户的耐心。

对于字节跳动而言，一个爆款产品的出现往往能够带动新一轮的流量爆发，进而受到资本的追捧，掩盖其他产品衰退的危机。因此，字节跳动在关注自身业务扩展的同时，也要注意内容产品所带来的威胁。

事实上，对于字节跳动本身来说，上市的条件已经不成问题，但因疫情和 TikTok 的一系列事件，不得不将上市时间推迟，随着市场的不断变化，谁也无法预料风波平息之后，字节跳动的风头是否依然强劲。

总之，字节跳动要想上市，就要静等一个最佳的时机。但可以预期的一点是，假如母公司字节跳动成功上市，届时势必会推动抖音的全面崛起，进一步拓展抖音帝国的商业版图！

附　抖音成长简史（大事记）

- 2016 年 9 月 26 日，A.ME 音乐短视频社区正式上线。
- 2016 年 11 月 3 日，A.ME 发布第一条微博。
- 2016 年 11 月 10 日，赵丽颖挑战赛。
- 2016 年 12 月 22 日，A.ME 更名为“抖音短视频”。
- 2017 年 1 月 9 日，获得今日头条数百万种子投资。
- 2017 年 3 月 13 日，岳云鹏转发带有抖音水印的短视频微博，转发 5631 次，点赞 83295 次，抖音第一次进入公众视野。
- 2017 年 4 月 10 日，胡彦斌携新单曲《没有选择》空降抖音。
- 2017 年 5 月，抖音的海外版 TikTok 上线海外。
- 2017 年 6 月 23 日，抖音正式发布抖音 ×《中国有嘻哈》的宣传短片。
- 2017 年 8 月 11 日，产品负责人透露 VV（Video View，视频播放次数）已经超过 10 亿次。
- 2017 年 8 月 16 日，应用宝 # 星 App 榜 # 成为 7 月五大流行应用。
- 2017 年 8 月 19 日，抖音强势登陆《快乐大本营》。
- 2017 年 9 月 2 日，举办首届“抖音 iDOU 夜”，开始向线下拓展。
- 2017 年 9 月 15 日，强势登陆湖南卫视《天天向上》。
- 2017 年 9 月 22 日，和爱彼迎、雪佛兰、哈尔滨啤酒首次品牌视频广告合作。

- 2017 年 11 月 10 日，10 亿美元收购 Musical.ly 并与抖音合并。
- 2017 年 12 月 30 日，同步赞助江苏卫视、浙江卫视和湖南卫视跨年演唱会。
- 2018 年 1 月 11 日，《百万英雄》抖音专场。
- 2018 年 1 月 23 日，泰国手机应用下载量排行榜免费榜单第一名，国际化初见成效。
- 2018 年 1 月 24 日，冠名赞助湖南卫视小年夜春晚。
- 2018 年 2 月 9 日，首席产品官杨洋入驻抖音。
- 2018 年 2 月 13 日，抖音春节明星红包，抖音携 12 位重磅明星接力视频送红包。
- 2018 年 3 月 5 日，联合 CoCo 都可（奶茶）、海底捞推出美食视频。
- 2018 年 3 月 21 日，抖音助迪丽热巴登上时代广场纳斯达克大屏。
- 2018 年 5 月 18 日，联合中国国家博物馆等一起推出“第一届文物戏精大会”。
- 2018 年 5 月 22 日，“看见音乐计划”决赛上线。
- 2018 年 6 月 30 日，“抖音世界杯”活动、“抖音拍照打卡地图”上线。
- 2019 年 1 月，抖音日活跃用户数突破 2.5 亿，月活跃用户数超过 5 亿。
- 2019 年 1 月 15 日，抖音天猫充值旗舰店上线。
- 2019 年 1 月 25 日，携手蔡依林发布 2019 抖音新歌《新年抖来咪》。
- 2019 年 2 月 2 日，抖音与央视网、中国楹联学会、中华诗词学会联合举办“2019 春联征集”活动。
- 2019 年 2 月 18 日，央视元宵节晚会推出“抖音福袋”活动。
- 2019 年 2 月 22 日，携手支付宝举办“支付宝全球锦鲤”活动。
- 2019 年 3 月 21 日，抖音与中国科学院科学传播局、中国科学技术协会科普部、中国科学报社、中国科技馆联合启动了“DOU 知计划”。
- 2019 年 4 月 8 日，发起“爱就为 ta 盘条街”活动。

- 2019 年 4 月 19 日，抖音与安乐影片、万达影视、光线影业、阿里影业、新丽电影、英皇电影 6 家影视公司达成战略合作，共同推出“视界计划”。
- 2019 年 4 月 23 日，发起“抖音图书馆”活动。
- 2019 年 5 月 8—14 日，《人民日报》与抖音联合举办 2019 年中国品牌日“国货发光”活动。
- 2019 年年底　TikTok 全年下载总量超过 5.08 亿次，同比增长 55%。
- 2020 年 4 月，抖音 /TikTok 在苹果和谷歌官方应用商店的下载数量突破 20 亿次。
- 2020 年 8 月，包含抖音火山版在内，抖音的日活跃用户数量超过 6 亿。
- 2020 年 11 月，在抖音“安家”的明星用户已经超过 3000 位，较 2019 年新增超 1000 位。
- 2020 年 12 月，抖音日均视频搜索次数突破 4 亿。
- 2021 年年初，抖音电商紧密连接“用户、商家、达人、机构 & 服务商”的生态初成，并在抖音电商生态大会上，正式推出“兴趣电商”新概念。